# 北大キャンパスガイド

北海道大学CoSTEP・
北海道大学総務企画部広報課・
北海道大学生活協同組合［編］
北海道大学出版会

北海道大学予科記念碑：教育学部·濱島慶介（北大写真部）

高邁なる野心碑：函館キャンパス事務部研究協力担当

扉・クラーク像：教育学部·濱島慶介（北大写真部）

# はじめに

北海道大学出版会創立五十周年記念企画である本書は、北海道大学を訪ねる全ての方に向けて編まれた。学術的で難解な内容にならないよう配慮しており、新入生やその家族、観光客にとってはキャンパスを散策する際のガイドに、地域に暮らす市民、学生、卒業生・修了生、教職員にとっては新しい気づきや学びになる読み物を目指した。

一八七六年設立の札幌農学校を前身とする北海道大学は北海道と共に発展し、その近代化を支えてきた。かつて札幌農学校の演舞場として使われていた、現在の札幌市時計台や札幌キャンパスは市内中心部に位置し、いずれも駅からわずかな距離にあることからもそれが窺い知れるだろう。駅近であることは重要で、例えば羽田空港からであれば九〇分のフライトとＪＲ新千歳空港駅からの四〇分の乗車で、すぐに大学にアクセスできるのである。その上、広大な敷地面積を誇るキャンパスにはエルムの森を中心に豊かな自然が残されており、四季折々で移り変わるその姿はあまりに美しい。春はエゾヤマザクラや北海道大学の校章になっているオオバナノエンレイソウ、夏は鮮やかな万緑とどこまでも広がる青空、秋は黄金色の銀杏並木、冬はまぶしいくらいの白銀の世界を見ることができる。またタイミングが合えば、放牧されている牛や羊、池周辺でたたずむカモの親子連れ、樹々の合間に姿を見せるエゾリスやアカゲラといった生きものたちのかわいらしい姿を垣間見ることもできる。このように歴史と利便性と自然が共存した場所であることから、北海道大学は札幌を代表する観光地となっている。一方、水産学部のある函館には北海道新幹線が開通し、人の往来がこれまで以上に期待できる状況にある。ぜひ本書を手にとって、余すことなく北海道大学を楽しんでいただきたい。

さて、最後に出版にあたっての経緯についてふれよう。発端は北海道大学CoSTEPが運営するウェブメディア「いいね！Hokudai」である。二〇一二年一〇月にスタートした、いいね！Hokudaiは研究紹介、学生や教職員の取り組み、春夏秋冬の風景などをほぼ平日毎日更新で届ける、ＳＮＳファーストのメディアである。二〇一七年八月二五日公開の記事「本を編む場所、北海道大学出版会」の縁で、本書の企画が立ち上がった。紙媒体からウェブにシフトする時代の流れの中、北海道大学出版会といいね！Hokudaiが一冊の本を作るべく手と手を取り合ったのはユニークな点といえるだろう。本書と一緒にキャンパスを巡ったあと、左記のＱＲコードからいいね！Hokudaiにアクセスすれば、北海道大学の〝今〟を知ることができ、楽しさが何倍にもなるはずだ。

出版に至るまでにはCoSTEP修了生、北海道大学写真部をはじめとして、多くの関係者に協力をいただいた。この場を借りて厚く御礼申し上げる。

二〇二一年一月三日　編集統括　村井　貴

いいね！Hokudai

# 北大キャンパスガイド——目次

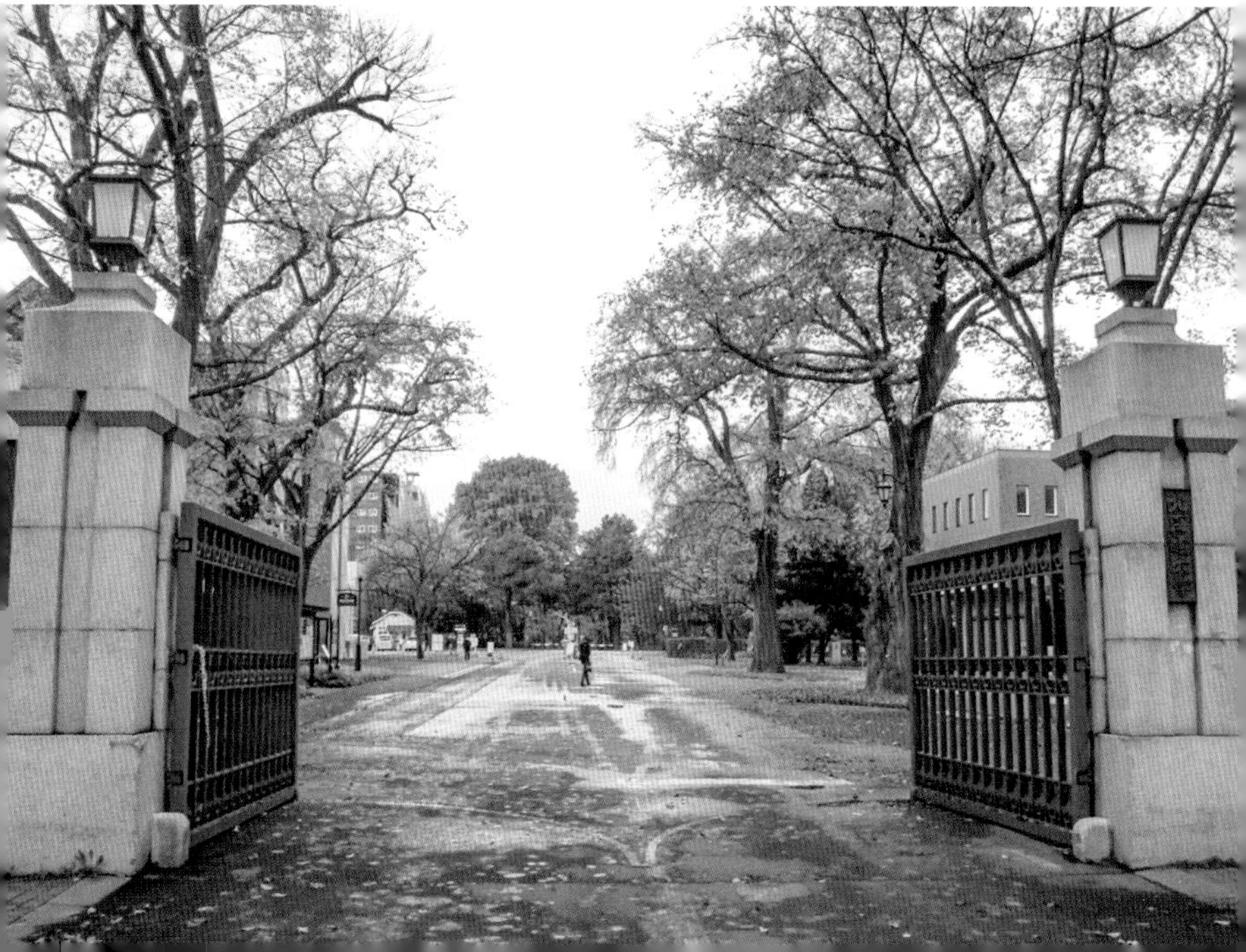

iii・正門/写真：出版会・仁坂元子

写真：理学研究院広報企画推進室・北住由紀

# Ⅰ　札幌キャンパス

写真：工学部・宮崎俊明（北大写真部）

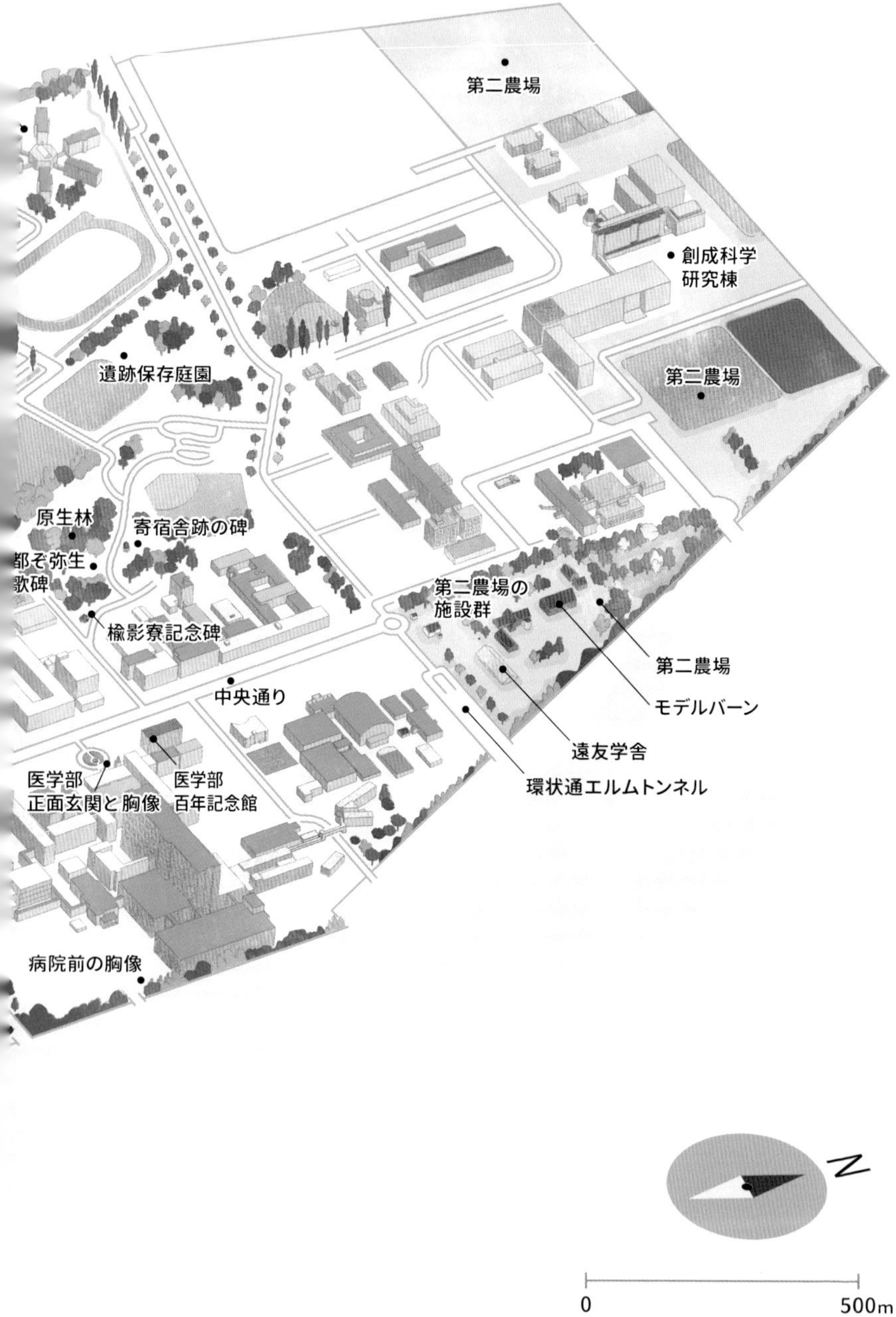
第二農場
創成科学
研究棟
第二農場
遺跡保存庭園
原生林
寄宿舎跡の碑
都ぞ弥生
歌碑
楡影寮記念碑
第二農場の
施設群
第二農場
モデルバーン
中央通り
遠友学舎
環状通エルムトンネル
医学部
正面玄関と胸像
医学部
百年記念館
病院前の胸像
N
0
500m

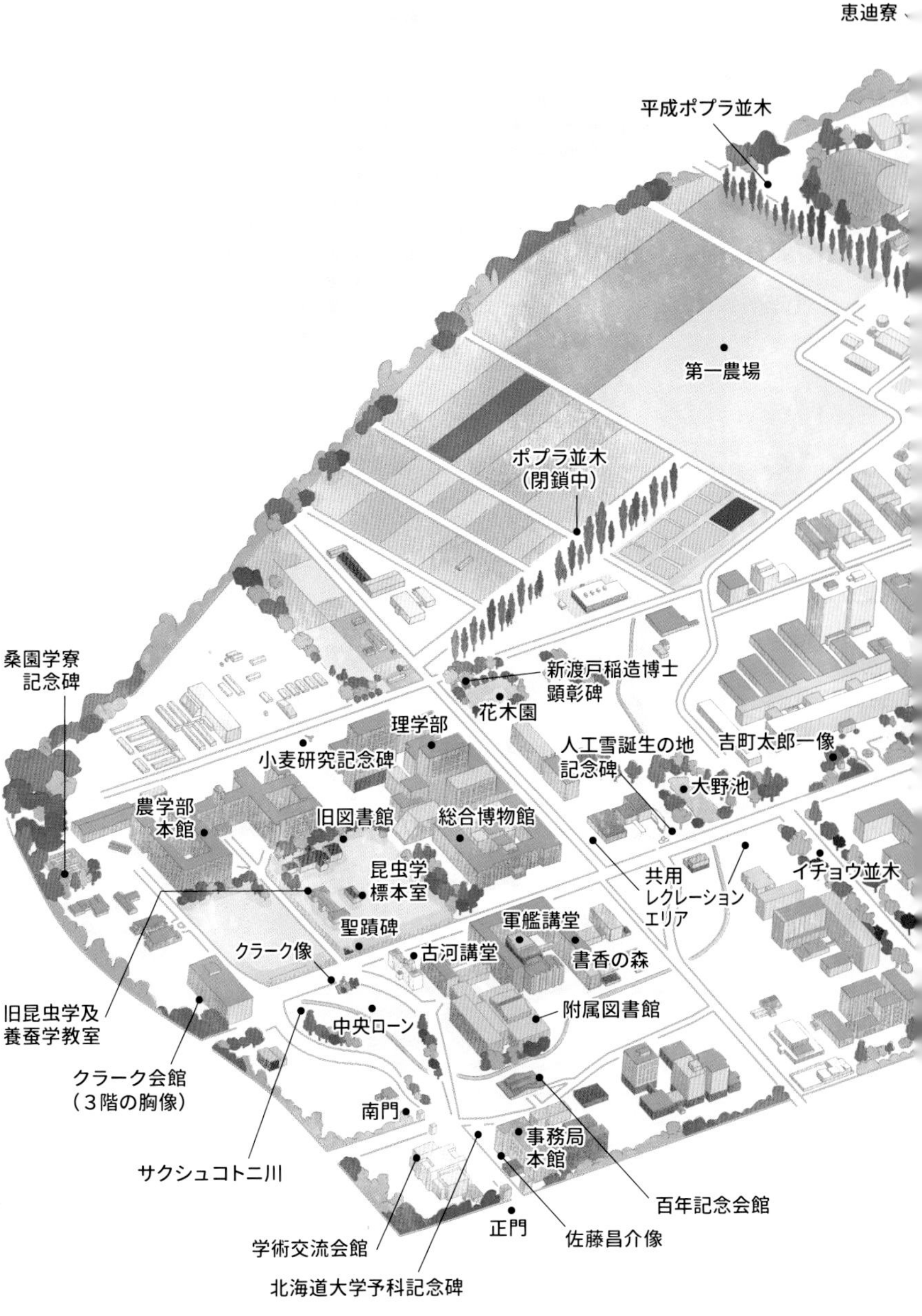
恵迪寮
平成ポプラ並木
第一農場
ポプラ並木
（閉鎖中）
桑園学寮
記念碑
新渡戸稲造博士
顕彰碑
花木園
理学部
小麦研究記念碑
人工雪誕生の地
記念碑
吉町太郎一像
大野池
農学部
本館
旧図書館
総合博物館
昆虫学
標本室
共用
レクレーション
エリア
イチョウ並木
聖蹟碑
軍艦講堂
クラーク像
古河講堂
書香の森
旧昆虫学及
養蚕学教室
中央ローン
附属図書館
クラーク会館
（３階の胸像）
南門
事務局
本館
サクシュコトニ川
百年記念会館
正門
佐藤昌介像
学術交流会館
北海道大学予科記念碑

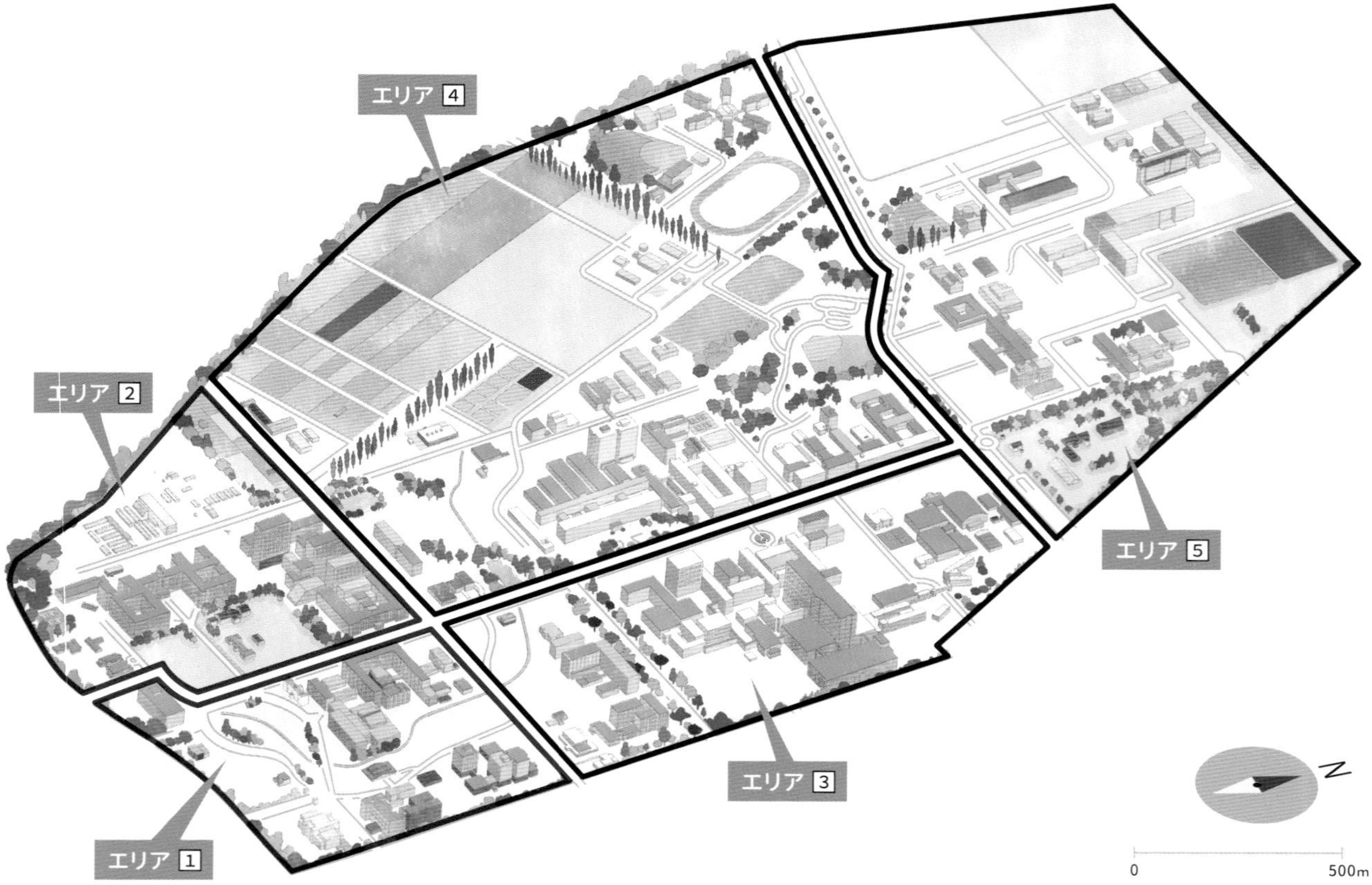
エリア 1
エリア 2
エリア 3
エリア 4
エリア 5
N
0
500m

エリア1

軍艦講堂
書香の森
クラーク像
古河講堂
附属図書館
中央ローン
クラーク会館
（３階の胸像）
南門
サクシュコトニ川
百年記念会館
事務局本館
正門
学術交流会館
佐藤昌介像
北海道大学予科記念碑

写真：出版会･仁坂元子

# 正門

札幌駅から徒歩五分の立地で、多くの観光客がまず最初に足を踏み入れる北大の玄関口。四月には、新入生たちが記念撮影のためにに列をつくる姿も見られる。現在の正門は、一九三六年に建てられたもので、それまでの正門は現在の南門に移設された。

正門を入ってすぐ左には、木造平屋建ての「インフォメーションセンター　エルムの森」（二〇一〇年竣工）があり、キャンパスマップや広報誌を入手することができる。また、カフェやショップも併設されている。天気のよい日に、屋外のウッドデッキにある席に座り、木漏れ日の中で過ごす時間は格別のものである。

中央と右の2本(道の反対側に3本)が新渡戸夫人寄贈のエルム/写真：教育学部・濱島慶介(北大写真部)

## 事務局本館

一九〇七年、札幌農学校から東北帝国大学農科大学への昇格にともない、「大学予科」を設置し、翌年、この場所に予科・実科教室としてライトグリーンの木造校舎が落成した。大学予科は本科進学のための準備教育課程で、実科は技術者養成に特化した教育機関であった。一九三五年、老朽化で鉄筋コンクリート造に建て替えられた。一九四七年、法文学部の建物となる。以後、ここを中心に文系学部の発展が見られることになる。文系学部が新校舎へ移り、一九六六年から事務局本館の現施設となる。事務局前に道を挟んで植えられた五本のエルムは、新渡戸稲造夫人メアリーの寄贈。

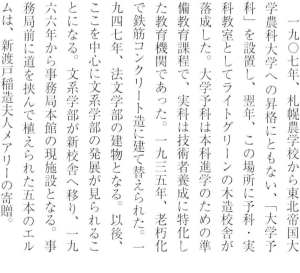

胸像は彫刻家の加藤顕清が制作。1932年に除幕/写真：理学部・神原龍冬(北大写真部)

## 佐藤昌介像

佐藤昌介(一八五六〜一九三九)は、北海道帝国大学初代総長、農業経済学者。岩手県花巻市出身。一八七六年、一期生として札幌農学校に入学し、クラーク博士の教育を受ける。卒業後、ジョンズ・ホプキンス大学に留学。一八八六年に札幌農学校教授、一八九一年に校長心得となる。以後、一九三〇年まで北大の最高指導者を務めた。在任中、北海道開拓使直轄の札幌農学校は、予算削減により廃校の危機に瀕していた。佐藤が関係者を説得し、一八九五年に文部省直轄へ移管され立て直す。一九〇七年には東北帝国大学農科大学に昇格。一九一八年、北海道帝国大学として独立を果たす。

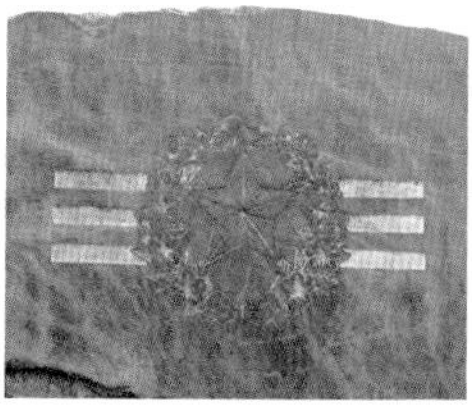

記念碑の裏面にある「桜星章」(左)。写真(左):出版会･仁坂元子，写真(右):教育学部･濱島慶介(北大写真部)

## 北海道大学予科記念碑

二〇〇四年に、かつての予科生と有志の寄付金によって事務局本館前に建てられた。正面には「大志を抱いて」という言葉が、背面には札幌農学校の校章を引き継いだ大学予科の帽章である桜星章が刻まれている。碑は日高山脈に位置するアポイ岳から産出された「かんらん岩」を用いてつくられている。かんらん岩とは、地下数十キロ以下の深部にあるマントル上部を構成する主要な岩石である。日高山脈の生成期に地上に押し上げられ、かんらん岩の山・アポイ岳を造成した。マントルの姿をそのまま残している貴重な岩の特徴も含めて、ぜひ見てほしい。

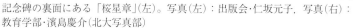

写真：教育学部·濱島慶介（北大写真部）

## 学術交流会館

世界に開かれた北大を目指し、国内外の学術交流の場として一九八五年三月に建設された。三〇六席の講堂、一九四席の小講堂と大小さまざまな六つの会議室があり、北大関係者ではなくても国際会議や学会、講演会などで活用することができる。一階エントランスホールには、ゆったりとした空間があり、ポスターセッションの会場としても利用されている。正門から入ってすぐ左側にあり、札幌駅から徒歩約六分の抜群の立地条件で市民向けのサイエンスイベントなども頻繁に開催されている。講堂はアカデミックな場として相応しいレトロな趣と重厚感がある。

写真：教育学部・濱島慶介（北大写真部）

# 南門

札幌市時計台（旧札幌農学校演武場）のある北一条キャンパスから現在のキャンパスに移転した一九〇三年の翌年に、札幌農学校の正門として造られた。その後、一九三六年、現在の正門を造る際に南門として移設された。赤煉瓦の意匠が歴史を感じさせる。隣に立つ小さな白い木造建物は、一九〇四年に門衛所として建てられたもの。いまも守衛室として活用されている。南門は年に一度、北海道マラソンのときに開放され、ランナーたちが駆け抜ける。

写真：理学部・神原龍冬（北大写真部）

## 百年記念会館

創基百周年の記念事業の一環として、一九七七年に建設された。設計は当時工学部教授だった太田實である。一階の大会議室の壁面には歴代総長の肖像画が飾ってある。同じ一階の北大マルシェ Café & Labo ではランチやお茶を楽しむことができ、近隣の方や観光客の憩いの場となっている。ショップコーナーでは道産の加工食品や雑貨などを買い求めることができる。二階の展示スペースには、北大の歴史を解説する歴史資料や写真が展示されている。二〇〇六年から二〇一九年まで「緑のビアガーデン」の会場として賑わいをみせた。

写真：出版会·仁坂元子

# 附属図書館

北海道大学附属図書館は、総蔵書数約三七八万冊、年間利用者数約一四二万人という、わが国有数の大学図書館である。なかでも中央ローン向かいに位置する本館は、蔵書数約一八二万冊、年間利用者数約四一万人（データは二〇一九年度）を誇り、教育および研究活動の中心的役割を果たしている。量だけではなく、北海道をはじめ、北方地域に関する貴重な資料や、札幌農学校に関するコレクションなど、収蔵内容の質も高い。最近では、学生、研究者、社会の新たなニーズに応えるため、各種セミナーやイベント、教育研究支援企画、国際連携など創造的な活動の幅を広げている。

写真：大学院農学研究院・金慧隣（希望の虹「フォトコンテスト2019」投稿写真）

## サクシュコトニ川

中央ローン南西端から流れる人工河川。百年記念会館やエルムトンネル近辺を通り、桑園新川と合流した後に琴似川へと続いている。以前はサケも遡上する自然河川で、植物園近郊のメム（湧泉）を水源とし、北流して偕楽園のメムと合流後、北大構内を流れ琴似川へと注いでいた。札幌市の都市化にともない地下水位が低下したことなどにより、戦後、水源が枯渇し一部は埋められた状態にあった。二〇〇一年、北大は札幌市と連携し、創基百二十五周年記念事業として「サクシュコトニ川再生事業」を実施。藻岩浄水場の放流水を維持用水に使用し、二〇〇四年より通水した。

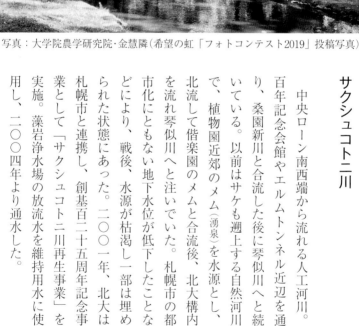

写真：法学部OB・鈴木智大（いいね！ Hokudai 投稿写真）

# 中央ローン

すりばち状になった底の部分をサクシュコトニ川が流れる約一万二〇〇〇㎡の芝生。夏は、学生や教職員の憩いの場に、冬は子どもたちの雪あそびの場になる。ここは、日本におけるスキー発祥の地ともいわれている。一九〇八年、予科独語教師ハンス・コラーが、母国スイスで知ったスキーを学生たちに紹介したのだ。また、中央ローンは現代の著名人にも愛されている。二〇一七年九月、北大を訪れた詩人・吉増剛造は、構内で行われたトークイベントにて、「中央ローンは札幌キャンパスのすべてを取り込む窪地であり、知識が集まるつむじである」と讃えた。

写真：匿名（いいね！ Hokudai 投稿写真）

写真：教育学部·濱島慶介(北大写真部)

写真：経済学部OB·前田次郎

## クラーク像

札幌農学校の初代教頭ウィリアム・S・クラーク博士（一八二六〜八六）は、北大が誇る最も有名な「アイドル」といっても過言ではあるまい。クラーク博士の胸像は、見上げるほどに高く屹立した台座に支えられており、威風堂々としながらも、どこか気さくで博士の優しい人柄が感じられる。いつも北大のキャンパスを訪れる観光客や修学旅行生に取り囲まれ、記念撮影をする人の列が絶えない。クラーク博士が札幌農学校に赴任した期間はわずか九か月。博士が遺した言葉「少年よ、大志を抱け」は、今もなお北大で学ぶ者の心に情熱の炎を燃え立たせている。

写真：教育学部・濱島慶介（北大写真部）

## クラーク会館

北大の中央通りの最南端にどっしりと鎮座する学生会館。クラーク食堂や生協のサービスセンターのほか、集会室や和室、茶室などもあり、学生生活やサークル活動の拠点としても活用されている。創基八十周年を記念して、工学部の太田實教授によって設計され、一九六〇年九月一五日に大講堂にて開館式が行われた。

会館正面の階段を上がると二階、下ると一階という構造で、階上が吹き抜けになっている二階のロビーチェアは、歓談する学生でいつも賑わっている。講堂では学会やシンポジウム、北大映画祭の上映会が行われ、パイプオルガンも設置されている。

杉野目晴貞像(左)とクラーク像(右)/写真(左右とも):工学部・宮崎俊明(北大写真部)

## クラーク会館三階にもあるクラーク像

クラーク会館のロビーから階段を上がり、ちょうど正面入り口真上の広場の三階南側に、二体の胸像が設置されている。一体は、北大学長(一九五四〜六六)を務めた杉野目晴貞像。もう一体がクラーク像である。「本家」のクラーク像がいつも人に囲まれて大人気であるのと対照的に、こちらの像は訪れる人も少なく、存在すらほとんど知られていない。そのせいか、クラーク博士の表情はどことなく寂しげに見える。そんなクラーク博士がまなざしを向けているのは、北大の中央通りである。クラーク博士は、自身の名を冠した場所から、今も北大をじっと見守り続けているのである。

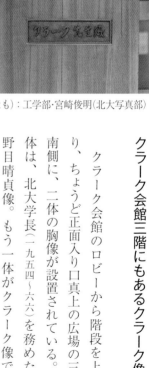

# 古河講堂

一九〇九年一一月に北大の前身である東北帝国大学農科大学の林学教室として建設されたフランス・ルネサンス風の建物で、国の登録有形文化財である。下見板張りの白亜の外壁と正面中央の玄関ポーチ、マンサード様式の緑色の屋根が特徴的で、屋根の左右両翼にはドーマー窓、中央には小塔が設えられている。建物を設計したのは、文部技師の新山平四郎で、ルネサンス風建築を導入した。建物正面、外二階部分に「古河家寄贈」の文字が読める。足尾銅山で財をなした古河財閥が、社会貢献のために東北帝国大学建設費として寄付を行い、古河講堂が建設されたのである。当時新増築された八棟のうち、現存する建物は古河講堂だけである。

玄関ポーチは、三本の円柱で支えられている。建物の中に入ると、中扉の上の欄間に林学科を象徴する「林」をモチーフにした意匠が見られる。中扉を開けて目につくのは、重厚な階段。階段を上ると半円形にかたち取られた窓から踊り場に光が差す。階段の柱の台座や窓枠には鹿の線彫りが各所に施され、また見上げると天井には植物を用いた装飾がある。細部まで造り込まれた明治のモダン建物に、当時の設計者の意気込みが感じられる。

現在、内部は一般公開されていない。

写真：経済学部OB・木下茂樹（いいね！ Hokudai 投稿写真）

22頁写真：教育学部・濱島慶介（北大写真部）
23頁（上）/写真：施設部
23頁（下）/写真：法学部OB・鈴木智大（いいね！ Hokudai 投稿写真）
25頁（上）/「古河家寄贈」の文字/写真：施設部
25頁（中）/玄関欄間の林学科を象徴する「林」の文字/写真：広報課・菊池優
25頁（下）/重厚な階段/写真：広報課・菊池優

古河講堂

写真：教育学部･濱島慶介（北大写真部）

## 軍艦講堂

その建物の形状と色からつけられた物々しい通称、正式名称は文系共同講義棟という。ここには、一階に一五〇～一六〇名を収容できる階段状の四つの大講義室、二階に二八二名収容の大講義室があり、文系四学部の授業が行われている。セミナーや講演会の会場として使われることもある。教育学部、文学部、法学部、経済学部と並ぶ文系四学部の中央に位置し、ソファと机、掲示板、自動販売機がある二階のオープンスペースは、文系学生が集い、議論や勉強をする姿が見られる。お昼どきには北大生協のミニショップも開店し、多くの学生、教職員で賑わっている。

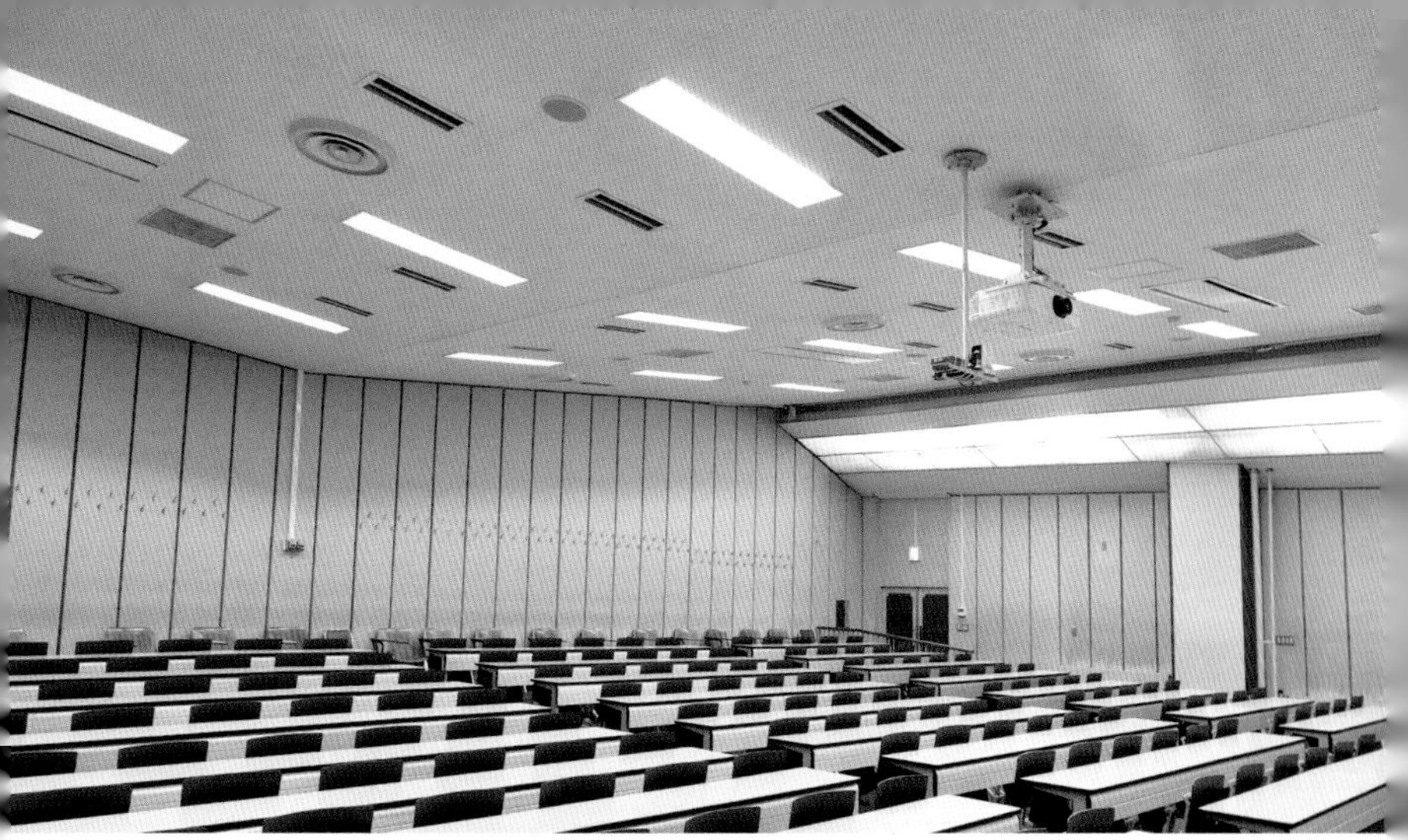

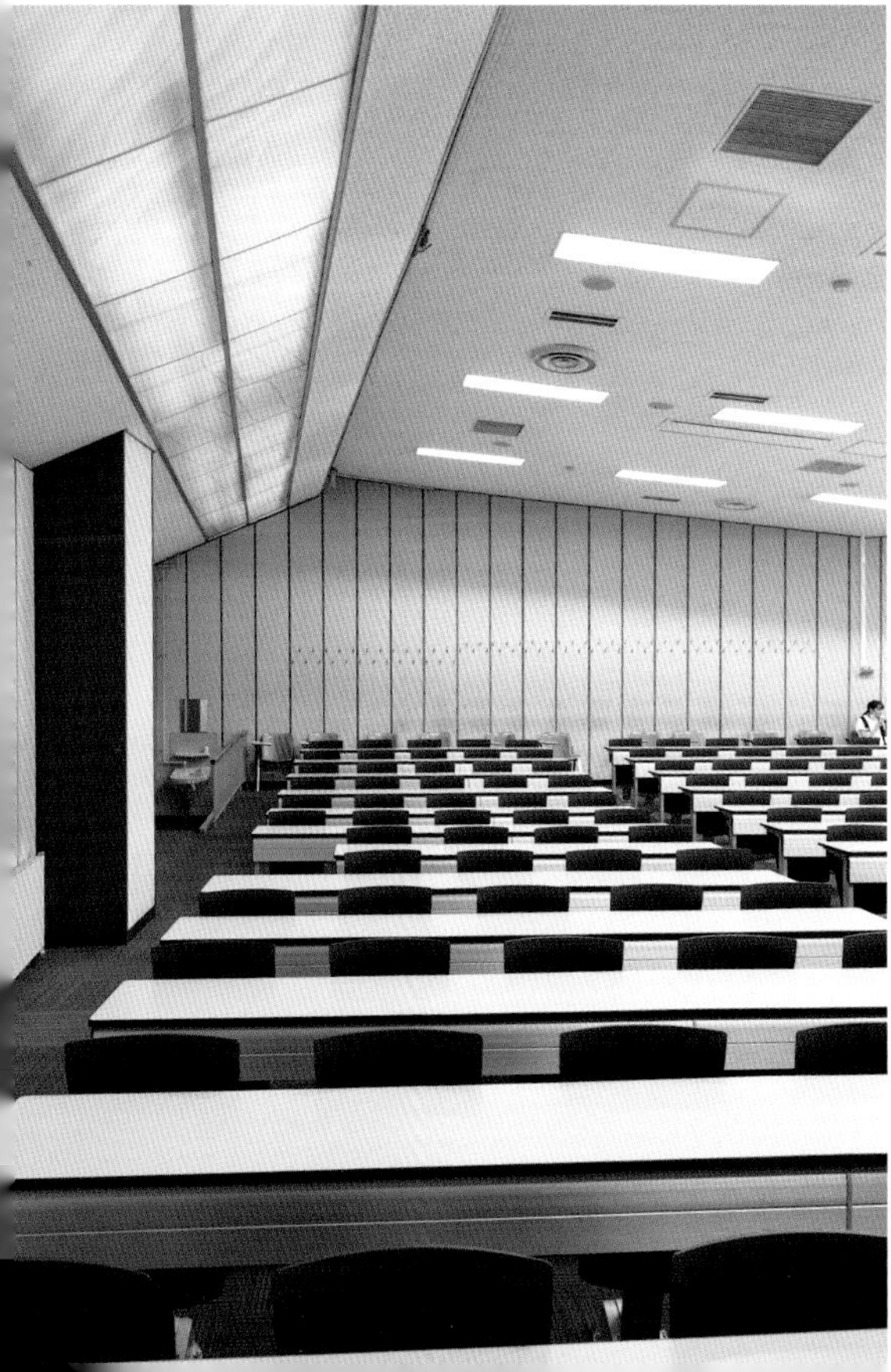

写真：教育学部·濱島慶介
(北大写真部)

写真：教育学部·濱島慶介
(北大写真部)

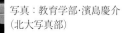

写真：写真家・中村健太(北大写真部OB)

# 書香の森

文学部のエントランスホールに「書香の森」という空間がある。「書香《しょこう》」とは、書物の香りをあらわす漢語であり、中国では学問の気風という意味にも用いられてきた。文学部で教育研究を行う教員の研究成果の多くは、書物の形で発表される。そうした活動の一端を展示する場を設け、その空間を知的情報の発信と交流の場として「書香の森」と名づけた。ここでは教員が執筆した書籍とともに、北大所蔵の絵画などの美術作品の展示が行われている。ふだんは学生や来客者がここで交流し、また、季節に応じて作品の入れ替え、随時の特集図書展示、お昼どきの読書会が行われている。

エリア2

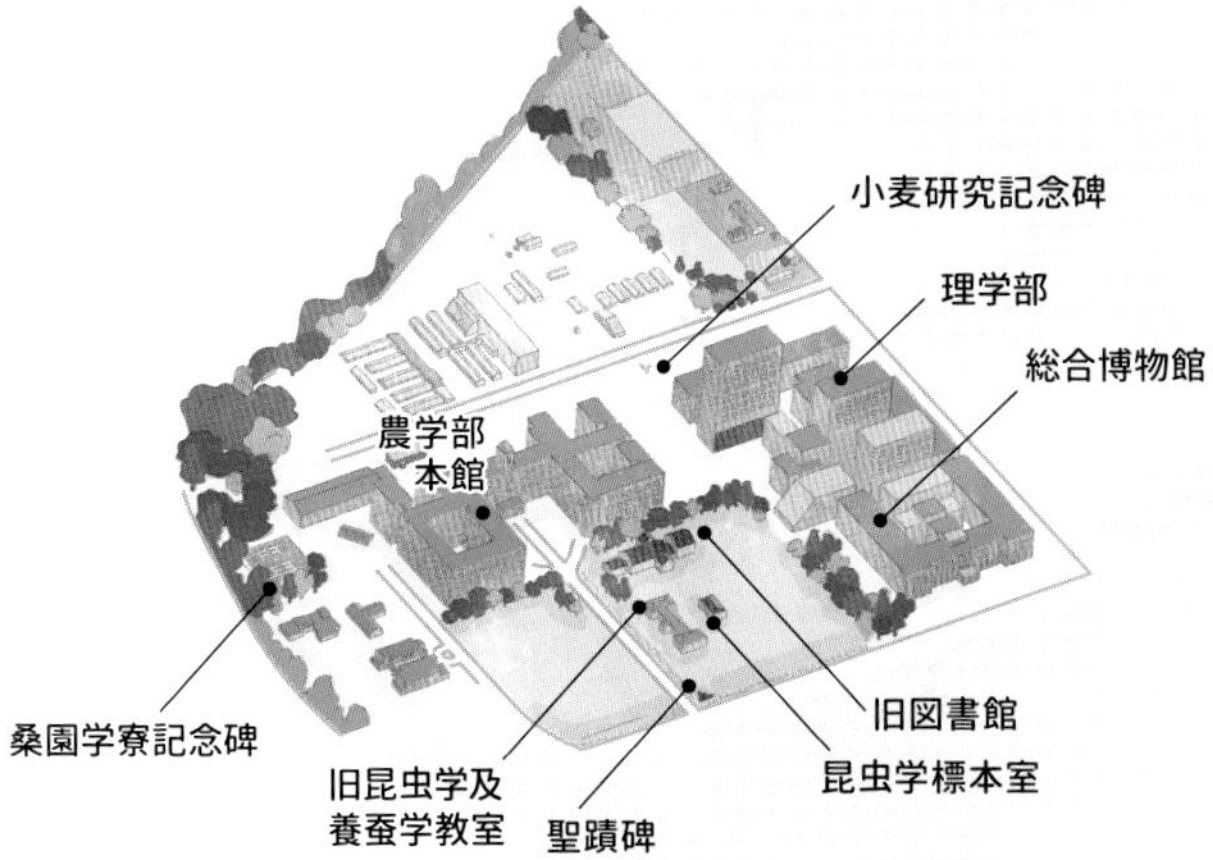
小麦研究記念碑
理学部
総合博物館
農学部
本館
桑園学寮記念碑
旧図書館
昆虫学標本室
旧昆虫学及
養蚕学教室
聖蹟碑

写真：教育学部·濱島慶介（北大写真部）

## 聖蹟碑

農学部が昭和天皇の仮御所、大本営となったことを記念した石碑。一九三六年、陸軍が慣例により天皇の統帥のもと数万の軍人を動員して「特別大演習」なる大行事を行った。北大は帝国大学の中で初めてその会場となったこともあり、札幌神社で学長を先頭に教職員・学生代表などが安泰祈願祭を行ったり、四〇〇〇人以上の学生・教職員が種痘接種を受けさせられたりと非常に大がかりな行事であった。陸軍がこの演習を終えた一〇か月後、日中戦争が勃発し太平洋戦争が始まる。石碑に書かれている「聖蹟」の二文字は閑院宮載仁親王、碑文は現代書道の父、比田井天来による。

旧昆虫学及養蚕学教室/写真：教育学部·濱島慶介(北大写真部)

## 旧昆虫学及養蚕学教室・昆虫学標本室

札幌農学校当時の一九〇一年に建造。モデルバーンの次に古くから残る建物で、教室では最古。一九六四年頃まで、正面玄関にはオリーブが蝶を取り巻くデザインの紋章が掲げられていた。二〇〇〇年に国の登録有形文化財となった。日本の昆虫学研究の創始者である松村松年は札幌農学校卒業の翌年、助教授に、ヨーロッパ留学後の一九〇七年に教授となった。耐火性の昆虫標本庫をとの松村の要望で、一九二七年、教室北側に標本室が増築された。標本室の外壁は札幌軟石、床と小屋組は鉄筋コンクリート、窓の内側には「ファイヤーカーテンボックス」での防火対策がされていた。

二〇一三年に北海道ワイン教育研究センターに改修された。

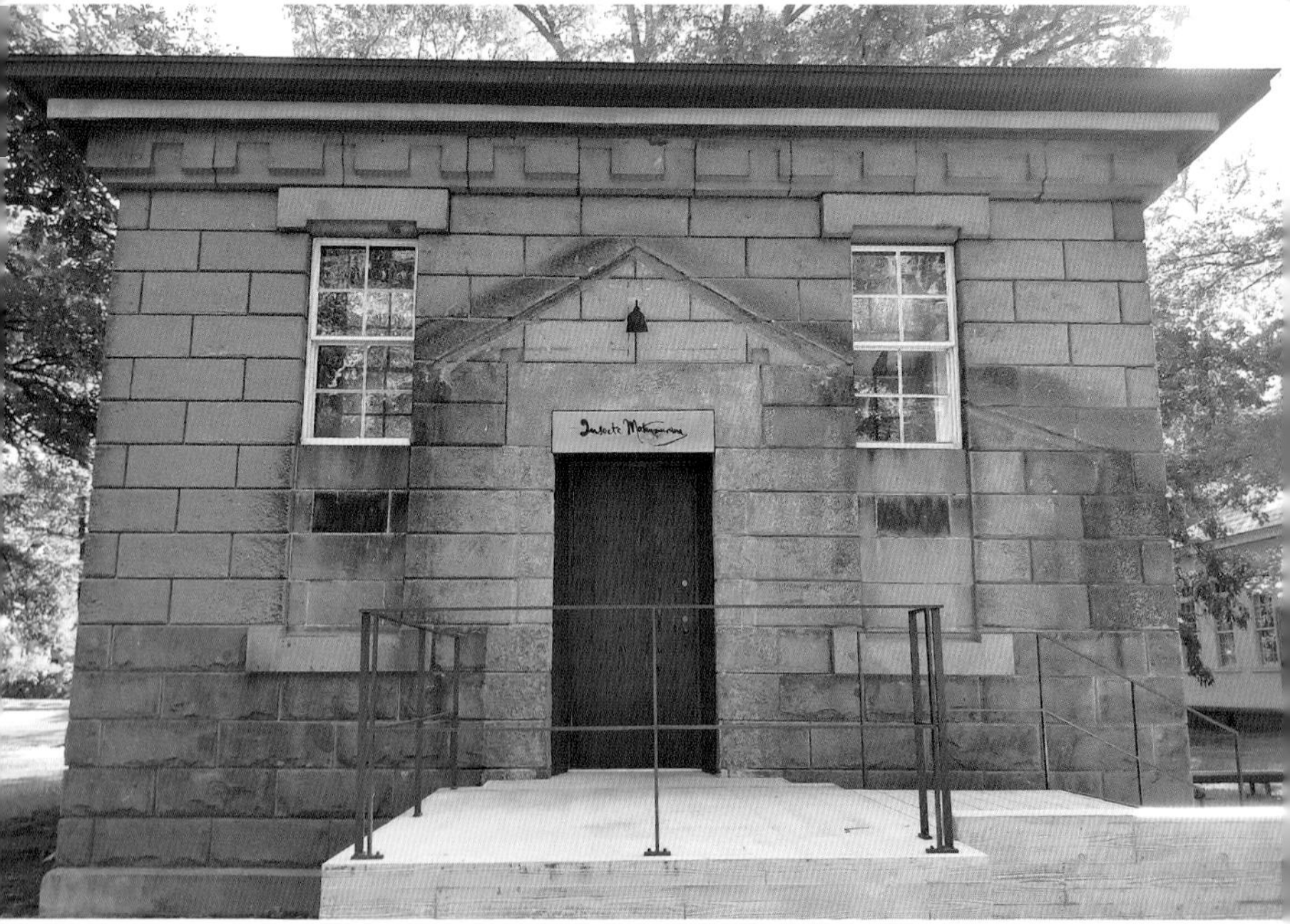


昆虫学標本室。改修後，松村が創刊した欧文の昆虫分類学雑誌 Insecta Matsumurana の名前が付けられている。/写真(上・下とも)：出版会・仁坂元子

写真：教育学部・濱島慶介（北大写真部）

## 旧図書館

かつての図書館である。札幌農学校時代の一九〇二年に建設され六五年まで中央図書館、のち一九八六年まで農学部図書館として使用された。当初は四万数千冊を揃え、学内にとどまらず利用されていたという。赤い屋根、白い壁が美しい閲覧室の内部にはすずらんの意匠のシャンデリア、レリーフがあり、優雅で知的な空間となっていた。右側に続く煉瓦の建物は書庫である。一九一六年までは入学式、卒業式などの行事もここで行われた。現在、一部は北海道大学出版会として使用されている。二〇〇〇年に国の登録有形文化財となった。

写真(上・下とも)：出版会・仁坂元子

写真：教育学部・濱島慶介（北大写真部）

## 桑園学寮記念碑

　最初の桑園学寮は一九四九年に札幌市北三条西一四丁目に開かれ、一九六一年に、現在、石碑の立つ構内の地に二代目の寮として移転したが、一九八三年三月に閉じられた。ＯＢにより建立された記念碑には次の文言が刻まれている。

「碑文

　北海道大学桑園学寮は、昭和24年札幌市北3条西14丁目に創設され、昭和36年北海道大学構内のこの地に移転した。

　昭和58年3月その歴史を閉じたが、その間学部男子学生512名がその青春を謳歌した

　平成11年10月　記念碑建立委員会」

写真：教育学部・濱島慶介（北大写真部）

## 農学部本館

正門をくぐって、道なりに数分歩いて真正面に見えるのが農学部である。建物は一九三五年に竣工し、八五年もの歴史をもつ。二〇二〇年現在までに一〇回の増改築を行ってきているが、竣工時の面影を現在もしっかりと残している。北大というと、まず頭に浮かぶのが農学部というほどシンボリックで有名な学部であり、この建物である。そのため、映画などのロケ地としても使われており、北大の映像がでるときの多くにこの建物が登場する。建物南側の通路ぞいに裏側へまわると、札幌研究林の一部や第一農場を見ることができる。そこには都会の騒がしさとは無縁な静けさがあ

写真：経済学部OB・木下茂樹（いいね！ Hokudai 投稿写真）

り、札幌市中心部にいることを忘れてしまう。北大の農場というと、牧草地に放牧されている牛を思い出すかもしれないが、農学部の裏では主に研究・実験目的で作物などが栽培されている。

写真：農学部·温宇翀(いいね！ Hokudai 投稿写真)

写真：教育学部·濱島慶介(北大写真部)

写真：教育学部・濱島慶介（北大写真部）

## 総合博物館

理学部本館の建物を博物館として公開している。一二学部と一部研究施設の展示を行っており、北大で行われているさまざまな教育や研究、北大の歴史を知ることができる。玄関を入って正面の吹き抜けを見上げると、美しいドーム状の天井を見ることができる。「アインシュタインドーム」と呼ばれ、三階のホールから、より間近にドームを見ることができる。時期・命名者はわからない。アインシュタインと直接の関係があるわけでもない。同時に理学部開学のころの研究への心意気を示す「果物《くだもの》」、「向日葵《ひまわり》」、「蝙蝠《こうもり》」、「梟《ふくろう》」をデザインした四枚のレリーフを見ることができる。レリー

アインシュタインドームのレリーフたち/写真：理学研究院広報企画推進室

フにはそれぞれフランス語の「MATIN（朝）」、「MIDI（昼）」、「SOIR（夕）」、「NUIT（夜）」と刻まれており、それは「研究・教育には一日中、昼も夜もない」ことを表していると解説板にある。

総合博物館には、貴重かつ膨大な量のさまざまな分野の標本が展示・収蔵されており、何時間いても見飽きることのない場所である。疲れたときに一休みできるカフェもあり、博物館だけで一日過ごすことも可能である。

アインシュタインドーム/
写真：理学研究院広報企画推進室

写真：理学部·神原龍冬(北大写真部)

2号館·5号館玄関/写真：教育学部·濱島慶介(北大写真部)

# 理学部

農学部北西側に広がるエルムの森と呼ばれる緑地の向こうに立ち並ぶ建物群が理学部である。理学部は総合博物館として公開されている理学部本館と、授業や研究を行っている二～八号館および研究棟からなる。理学部本館は二〇一〇年にノーベル化学賞を受賞した鈴木章名誉教授の理学部在籍当時の研究室があった建物である。北側の二階を見上げると、そこには鈴木章名誉教授が研究に打ち込んだ旧有機化学研究室が見える（現在は事務部門が使用）。現在、実際に研究や授業が行われているのは本館の西側にある建物群である。二・五号館の玄関を入った正面のホールに壁一面の大きなステンドグラスがある。建物の裏側に回ると外からでも見ることができるので、ぜひ見てほしい。そこにあるのは、あの総合博物館にあるアインシュタインドームのレリーフたちである。

2号館・5号館玄関正面ホールのステンドグラス/写真：理学研究院広報企画推進室・北住由紀

6号館玄関/写真：教育学部・濱島慶介(北大写真部)

写真：教育学部・濱島慶介（北大写真部）

## 小麦研究記念碑

理学部六号館正面入り口の横にある。一九七六年の北大創基百年に建てられた。小麦の正しい染色体数を初めて明らかにした坂村徹博士と、パンコムギの祖先種の発見や小麦種間雑種の細胞遺伝学的研究で新しい研究領域を切り開いた木原均博士の業績を讃えたものであり、この地で小麦の研究を開始したことも伝えている。御影石でできた幾何学模様にも見える碑のデザインは、当時の農学部長・高橋萬右衛門教授による。三個の円石はパンコムギが三種類のゲノムからなることを表す。札幌農学校時代から麦類を多数集めて研究を行ってきた北大を象徴している記念碑である。

# エリア 3

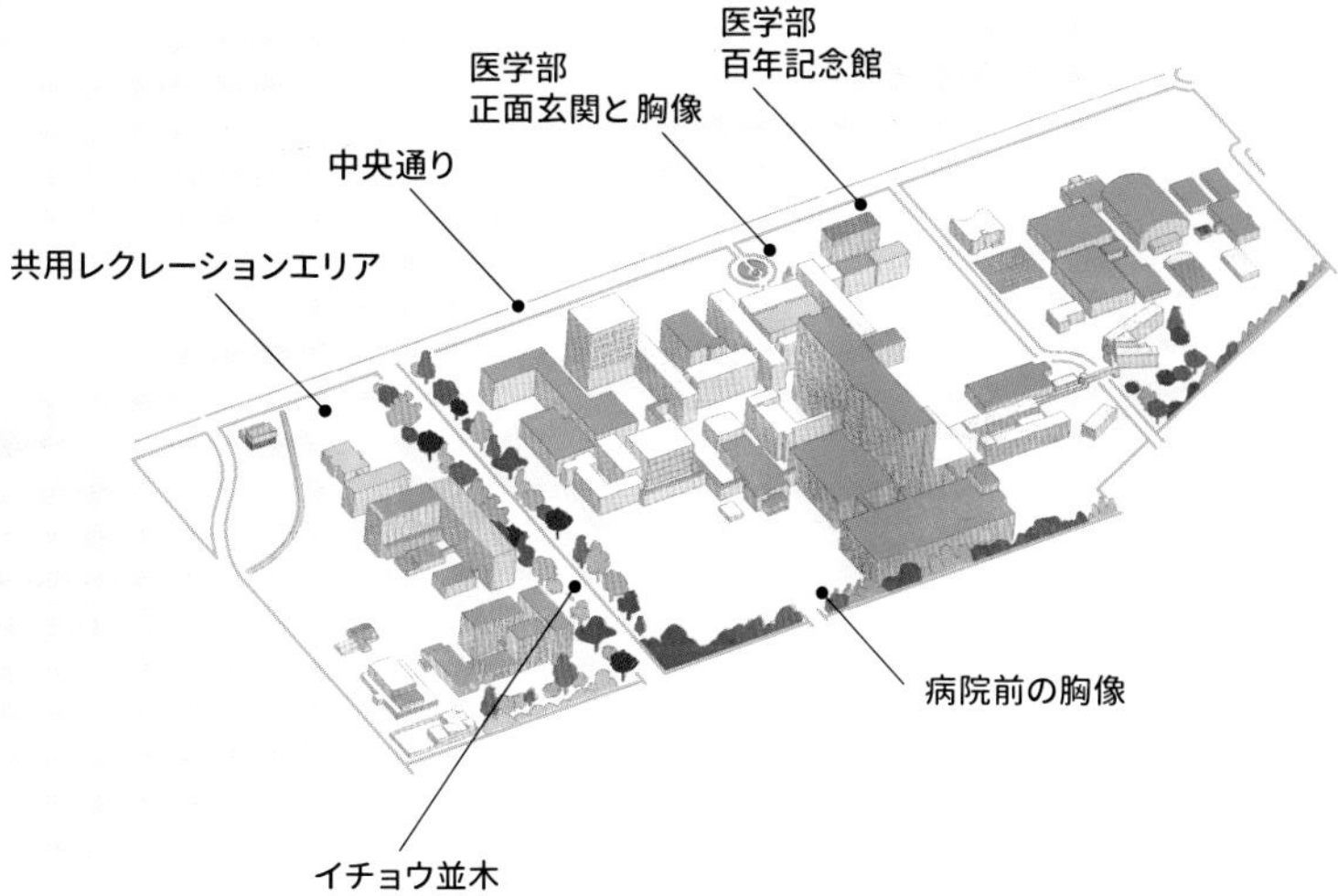
医学部
百年記念館
医学部
正面玄関と胸像
中央通り
共用レクリエーションエリア
病院前の胸像
イチョウ並木

写真：経済学部OB・平田啓介（いいね！ Hokudai 投稿写真）

## 中央通り

　北大生からは「メインストリート」や略して「メンスト」と呼ばれる。クラーク会館前を南端とし、北一八条ロータリーまで真っ直ぐ延びる札幌キャンパスの中心となる道路だ。およそ一・二kmの長さがあり、暖かくなると並木が緑のアーチをつくる。散歩やジョギングをする市民も多く見られる。六月に行われる大学祭では二〇〇店以上の模擬店が道路わきにびっしりと並び、八月には北海道マラソンのコースとして利用される。そして、「東京2020オリンピック」のマラソンのコースとしても注目をあびた道路である。大学と地域が交わる大切な道だ。

写真：理学研究院広報企画推進室・北住由紀

写真(左)：理学部･神原龍冬(北大写真部)，写真(右)：紅露雅之(いいね！Hokudai 2018年投稿写真)

# 共用レクレーションエリア

北大生はジンギスカンパーティーを「ジンパ」と呼び、新入生歓迎会などには欠かせない重要なイベントである。

以前は別な場所がジンパ用に開放されていたが、ごみ放置やボヤ騒ぎ・学部のトイレ利用、北大関係者以外の方々の使用などのルール逸脱が常態化したため、二〇一三年に閉鎖された。その後、「伝統の火を消すな」と立ち上がった学生の有志団体が大学と交渉を重ね、ルール順守の徹底を前提に、現在の場所が再開放された経緯がある。

この「北大ジンパ事件」は新聞にも取り上げられるほどの話題になったが、学生が守った北大文化を象徴する場所でもある。

学外者の利用は今も許可されていない。

写真：施設部

# イチョウ並木

北一三条門から中央通りまで西へ三八〇m。道路に七〇本のイチョウが立ち並んでいる。札幌市内でも有数の黄葉スポットであり、シーズンの週末には車両入構規制も敷かれるほど、毎年多くの観光客で賑わう。大学公式のウェブサイトでも色づく写真を公開し、市民とともに行く秋を惜しみながら盛り上がっている。

黄葉の季節、いつもと少し違う表情のイチョウ並木に出会いたければ、「北大金葉祭《ほくだいこんようさい》」期間中の夜間ライトアップがお勧めだ。上下左右、どこを見ても金色の世界となる。

しかし、黄葉だけではない。イチョウ並

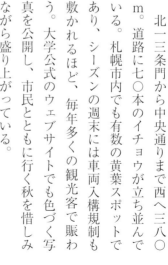

写真：渡井一輝（いいね！ Hokudai 2018年投稿写真）

木は四季さまざまに、独自の美しさを見せてくれる。新緑の春、緑深まる夏、モノトーンの冬。北側の北大病院と歯学研究院、南側の保健科学研究院と薬学研究院、どの季節でも、どの建物とも調和し、そのへんの風景画よりも絵画らしい趣である。もちろん、並木の外側のヨーロッパクロマツやヤマモミジなども、忘れてはならない名脇役だ。

なお、イチョウ並木はキャンパス内の車道である。くれぐれも車道に降りることなく、そして足元のギンナンを踏まないよう気をつけながら、観光を楽しんでほしい。

写真：農学部OB・山根直樹（いいね！ Hokudai 投稿写真）

歴代病院長。右から2代目・有馬英二，3代目・越智貞見，7代目・中川諭/
写真（すべて）：教育学部・濱島慶介（北大写真部）

## 病院前の胸像

一九二一年一一月一日、北海道帝国大学医学部附属医院が開院した。内科・外科・産婦人科で診療が開始され、内科Ⅰ（当時は第一内科）の教授であった有馬英二が初代附属医院長を務めた。二〇〇三年には歯学部附属病院と統合し、北海道大学病院に名称が変更された。二〇二〇年現在、九診療科・二九中央診療施設で組織されている。正門横には歴代病院長の銅像が建立され、今日に至るまでの歩みを見守り続けている。

三体の歴代病院長の横には母子像が建立されている。幼い子をしっかりと抱える母親の姿は、訪れるすべての者の心を強く惹きつけるだろう。

写真（左）：理学部・神原龍冬（北大写真部），写真（右）：北方生物圏フィールド科学センター・林忠一（CoSTEP13期本科修了，いいね！Hokudai「花壇さんぽ」より）

# 医学部正面玄関と胸像

医学部は、医学部創立九十周年記念事業の一環として、二〇一〇年に建物の一部が改修された。正面玄関前の噴水と周囲を囲む花壇では、四季折々の風景を楽しむことができる。噴水から視線を上にあげると、三角破風の中心部分に逆卵形のメダイヨンが描かれており、左右に広がるアカンサスの葉と八分咲きのエンレイソウの花があしらわれたレリーフがたいへん雅やかである。

玄関横には、二代目医学部長である今裕名誉教授の胸像が建立されている。医学部旧本館時代から受け継がれているレリーフとともに、一九一九年に設置された医学部の歴史を味わってほしい。

写真：教育学部·濱島慶介（北大写真部）

# 医学部百年記念館

二〇一九年秋に完成した、医学部創立百周年を記念する木造建築である。一階には学会などで多目的に使用できる大会議室などが、二階には医学部の歴史資料の展示スペース兼サロンなどが置かれている。快適な室内環境を担保する性能を備え、意匠・構造・設備が一体化した表現は、たえず時代の先端を歩み続ける医学部の姿勢にも通じる。長くわが国の寺社に用いられてきた伝統的な「科栱《ときょう》」特に鎌倉時代の東大寺南大門に用いられた構法をヒントに考案されたデザインで支えられている大きなひとつ屋根が、これからもずっとずっと永く同窓生を温かく迎え入れ続ける。

# エリア4

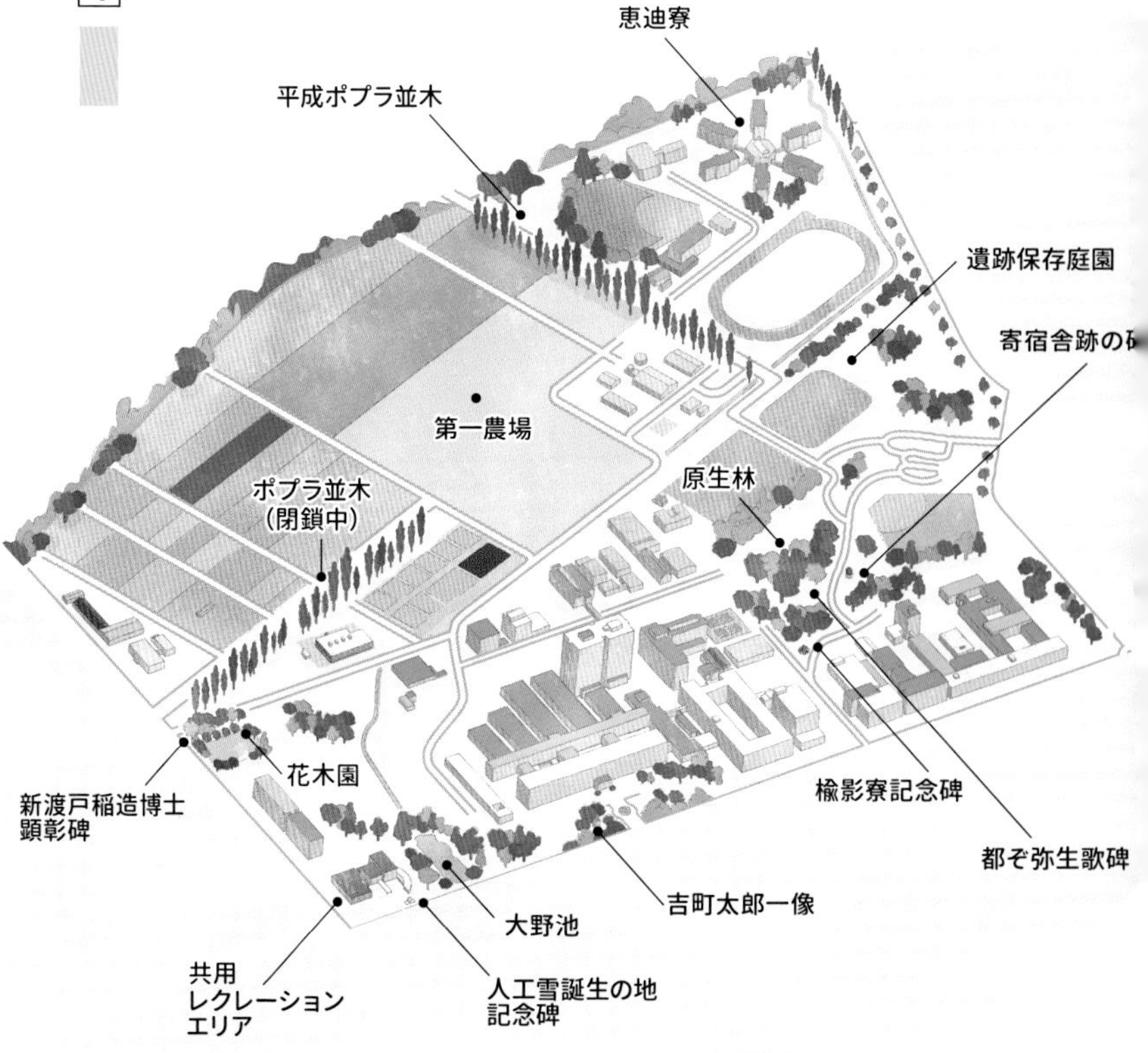
恵迪寮
平成ポプラ並木
遺跡保存庭園
寄宿舎跡の
第一農場
原生林
ポプラ並木
(閉鎖中)
花木園
新渡戸稲造博士
顕彰碑
楡影寮記念碑
都ぞ弥生歌碑
吉町太郎一像
大野池
共用
レクレーション
エリア
人工雪誕生の地
記念碑

写真：水産学部・石丸雄理（北大写真部）

## 人工雪誕生の地記念碑

大野池の南側にたたずむ「人工雪誕生の地」と刻まれた六角形の碑。角板型雪結晶を形どっており、題字は最初に人工雪が作られたころに中谷宇吉郎教授の共同研究者であった関戸弥太郎博士の筆による。常時低温研究室の跡地に一九七九年に建てられた。この碑は「対象は異なっていても、先駆的といえるような研究への野心と情熱を燃やしてほしい」という願いも込められ、北大の学生たちを静かに見守っている。この碑をモチーフに作成されたものに理学部のロゴがある。理学部六学科の共同体「知の結晶」を示したもので、理学部教授として活躍した中谷教授へのオマージュである。

写真：施設部

# 大野池（ひょうたん池）

中央通りのおよそ中央西側に位置し、スイレンの葉に覆われた水面に太陽の光が燦然と輝く。かつての泥臭い湿地を美しい池に甦らせた工学部の大野和男教授の功績からその名がつけられた。池の周囲には遊歩道とベンチが整備され、夜も外灯をともしている。春に芽吹いた緑は、夏になると豊穣に生い茂り、奥の木陰から柔らかな光が神々しく池を照らす。秋には色彩豊かな紅葉に彩られ、冬は銀世界に閉ざされる。水鳥の楽園でもあり、マガモやオシドリの親子が遊歩道をトコトコと歩き回る。池の中央にある噴水から、時折、水が吹き上げられ、鮮やかな虹のアーチが出現する。

写真：文学部・服部瑞生（希望の虹「フォトコンテスト2019」投稿写真）

オシドリ/写真：大学院理学研究院・松王政浩

スイレン/写真：いいね！
Hokudai「睡蓮の季節に」より

写真（左）：水産学部・石丸雄理（北大写真部），写真（右）：経済学部・植松春菜（北大写真部）

## 吉町太郎一像

工学部は、一九二四年九月に、農学部・医学部に次いで、北大で三番目に設置された歴史のある学部である。工学部正面玄関前の広場には、ドウダンツツジに囲まれて、工学部初代学部長を務めた吉町太郎一教授の胸像が建立されている。吉町教授は一八七三年青森県に生まれ、一八九八年に東京帝国大学工科大学を卒業、文部省在外研究員として海外に留学後、九州帝国大学工学部長を務めながら、一九二一年に北海道帝国大学工学部創立委員を兼務し、工学部設置に尽力した。一九三一年六月まで七年間初代学部長の重責を担った吉町教授は、今も北大の発展を見守っている。

写真：経済学部OB・林禹慶（北大写真部OB）

## 楡影寮記念碑

フロンティア応用科学研究棟と北図書館の間の道を進んですぐ、原生林への入り口にあたるところに、楡《ゆ》影《えい》寮《りょう》記念碑がある。一九四六年に江別に開寮した楡影寮は、一九五五年、この記念碑がある場所に移転し、八三年に閉寮した。同寮の有志により二〇〇三年に碑が建立された。碑文には「ここに僕らの棲み家があった／ここで学んだ　語った　歌った／そして時が流れた／楡影の青春を偲んで／オバンケルの息子たち」と刻まれている。「オバンケル」とは寮母さんを指す言葉である。最新の研究施設の傍らに、北大生が青春を謳歌した学生寮の歴史が刻まれている。

写真：水産学部・石丸雄理（北大写真部）

## 都ぞ弥生歌碑

日本三大寮歌のひとつ、都ぞ弥生は恵迪寮の寮歌として一九一二年に、当時学生の赤木顕次（作曲）と横山芳介（作詞）によって作られた。現在でも入学式や卒業式、北大祭などで広く歌われている。

一九五七年、北大創基八十周年記念事業として、原生林に歌碑が建立された。碑文には横山のノートにあった直筆の歌詞が刻まれている。歌碑は札幌市の「さっぽろ・ふるさと文化百選」、札幌市北区の「北区歴史と文化の八十八選」にそれぞれ選定されている。なお、公式の歌碑は北大構内のもの以外に、横山の菩提寺である長源院（静岡市葵区）に建立されている。

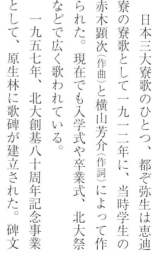

写真：教育学部·濱島慶介
（北大写真部）

## 寄宿舎跡の碑

中央通りを外れ恵迪寮へ向かう道は、ハルニレやイタヤカエデが生い茂る「原生林」を通り抜けていく。森を通る道の傍らに、日高産の緑灰色の巨石に恵迪寮の名の由来を刻んだ寄宿舎跡の碑がある。一九〇三年、現在の教育学部のある辺りに建てられた初代の恵迪寮は一九三二年に原生林に移築され、二代目となった。この寮は現在の三代目にあたる恵迪寮が完成したため一九八三年に取り壊された。旧建物の一部は北海道開拓の村に移築されている。寄宿舎跡の碑は今でも恵迪寮から大学へ通う北大生たちを見守っている。

写真：教育学部·濱島慶介（北大写真部）

# 原生林

全国でも指折りの広大な敷地面積を誇る札幌キャンパスにあって、地域の自然環境が本来の姿で特に色濃く残されているのが、原生林の区域である。

春には青紫のエゾエンゴサクや小さく白いニリンソウ、大学の校章になっているオオバナノエンレイソウを見ることができる。運がよければ、キツツキの仲間で頭の赤毛が特徴のアカゲラや北海道の貴重な野生動物であるエゾリスに遭遇できる。

北大はサステイナブルキャンパス（持続可能な社会構築に貢献する大学）を謳い、自然に配慮した環境整備を行っている。原生林を四季折々で訪ねて、その一端を見てほしい。

写真：教育学部·濱島慶介(北大写真部)

# 遺跡保存庭園

札幌キャンパスにはサクシュコトニ川沿いを中心に古代の住居跡がある。遺跡保存庭園には約三〇か所のくぼみが残されており、それらは竪穴式住居の跡である。

一九五二年の調査で村落があったことが確認され、一九八〇年以降の継続的な埋蔵文化財調査の結果、本州の時代区分における奈良時代末から平安時代、北海道では擦《さつ》文《もん》時代と呼ばれる時期にあたるものであることが判明した。

当時の人々が自然を相手にどのように暮らしていたのか、その雰囲気を感じ取ることができる場所である。現在もアイヌの人々にとっては大切な場所である。

写真（左）：工学部・宮崎俊明（北大写真部），写真（右）：生命科学院OB・杜過（北大写真部OB）/2017年撮影

# 恵迪寮

札幌農学校開校の一八七六年に建てられた寄宿舎を前身とし、一九〇七年に名称を恵迪寮とする決定がなされた。その由来は、四書五経の『書経』にある「迪《みち》に恵《したが》えば吉にして、逆に従えば凶なり。惟れ影響たり」である。日本四大自治寮のひとつとされ、寮は学生によって運営されている。

訪れるなら、一般公開される恵迪寮祭の時期（一〇〜一一月ころ）をお勧めする。寮祭の伝統である寮歌祭では毎年新しい寮歌が生まれている。代表的なのは一九一二年に誕生した「都ぞ弥生」だ。都ぞ弥生は寮歌でありながら、北大ＯＢ・ＯＧ、学生、教職員に歌い継がれている。

写真：教育学部·濱島慶介（北大写真部）

## 平成ポプラ並木

現在の北大にはポプラ並木がふたつある。二〇〇〇年に生まれたのが平成ポプラ並木である。場所は第一農場の北の端、北一七条西一一丁目から西南西方向へ約三〇〇mにわたって七〇本が並んでいる。これらは北大創基百二十五周年記念事業として、元祖ポプラ並木を挿し木で増やして植樹されたものである。当時は弱々しかった苗木も既に二〇年がたち、堂々たる並木道となった。その木陰から西を望めば「都ぞ弥生」の二番にも歌われる手稲山が聳えている。南に目を転じれば第一農場の向こうに元祖ポプラ並木、そして高層ビルが林立する札幌の町並みが広がっている。

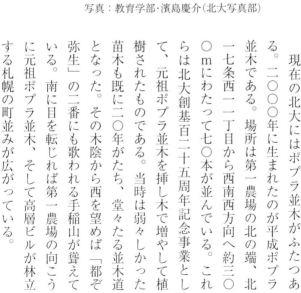

写真：教育学部・濱島慶介（北大写真部）

## 第一農場

新旧ふたつのポプラ並木と石山通に囲まれて広がっているのが第一農場である。その面積は約三五ha、サッカーコート約五〇面分に相当し、札幌キャンパスの約二割にものぼる。ここでは稲、馬鈴薯《ばれいしょ》、豆類、トウキビ、小麦など各種農作物が教育・研究のため栽培されている。また、家畜の飼育施設や養蚕室《ようさん》も併設され、鶏、牛、羊、豚が飼育されている。さらに近年は自動運転トラクターのテスト走行も行なわれている。都会かつ自然という北大のイメージはこの第一農場に負うところも大きいだろう。なお、札幌キャンパスは北一八条から二三条にかけて広がる第二農場も擁している。

写真：教育学部・濱島慶介（北大写真部）

# ポプラ並木

北海道大学のみならず、札幌のシンボルでもあるのがポプラ並木だ。第一農場の脇を、北北西へ約三〇〇mにわって大小約七〇本のポプラが居並んでいる。梢をゆらしながら天を突く姿は、訪れる人をしておのずから大志を抱かせるといっても過言ではない。その歴史は北大とともにある。一九〇三年、アメリカから持ち込まれた数本の苗木が第一農場の農道に植えられた。ポプラは農地の境界線や、防風林として有益だったからだ。一九一二年にはさらに多数の苗木が植えられ、現在の原型ができた。しかし台風によって一九五四年に数本が倒れ、五九年にも一〇本以上が失われてし

右奥に見えるのは平成ポプラ並木/写真：教育学部・濱島慶介（北大写真部）

まった。これを期にポプラは伐採すべきという声も学内から上がったが、市民の声や道知事の後押しもあり、三〇本が追加されることになった。しかしポプラ並木は三度目の台風の猛威に曝されることになる。二〇〇四年、最大瞬間風速五〇mもの風により、五一本あったうち一九本は根元から倒れ、八本が傾いてしまった。現状維持か復活か。議論の末、支援金も受けて二本が立て直され、三二本の並木となり、新たな苗木も四〇本植えられた。また、倒木を用いたチェンバロも作られた。現在、苗木は大きく育ち、チェンバロは総合博物館で展示され、時折コンサートでその音色を響かせている。

写真：施設部

写真：経済学部・植松春菜（北大写真部）

## 新渡戸稲造博士顕彰碑

北海道大学の前身、札幌農学校二期生で一八九一年から札幌農学校の教授を務めた新渡戸《にとべ》稲造《いなぞう》博士は、著書『武士道』で日本の精神文化を海外に広めるとともに、一九二〇年に国際連盟事務局次長に就任した国際人である。ポプラ並木手前の花木園の中に、新渡戸博士の功績を讃えて建立された「新渡戸稲造博士顕彰碑」がある。ブロンズ製の新渡戸博士胸像の下には御影石の台座があり、そこには「I wish to be a bridge across the Pacific（太平洋の架け橋となりたい）」とグローバルリーダーを目指した博士の有名な言葉が刻まれている。

写真：いいね！Hokudai「札幌キャンパス「花木園」で，クロユリが満開に」より

## 花木園

ポプラ並木の隣でその陰に隠れるように存在する穴場。入口の奥には、新渡戸稲造の胸像がたたずんでおり、園内にはさまざまな北国の草花が繁っている。これらは花《か》卉《き》学《がく》・造園学などの教育目的のために植えられたものであり、一九九六年の新渡戸像の完成とともに公開された。実習時間以外は自由に四季折々の色を楽しむことができる。五月下旬にはクロユリが盛りを迎える。有島武郎が名づけ、今に続く北大美術部「黒百合会」の由来にもなった花である。六月はハマナスの鮮やかな赤紫色、七月は池の周りに立つオオウバユリの花のクリーム色、そして秋は紅葉に彩られる。

# エリア5

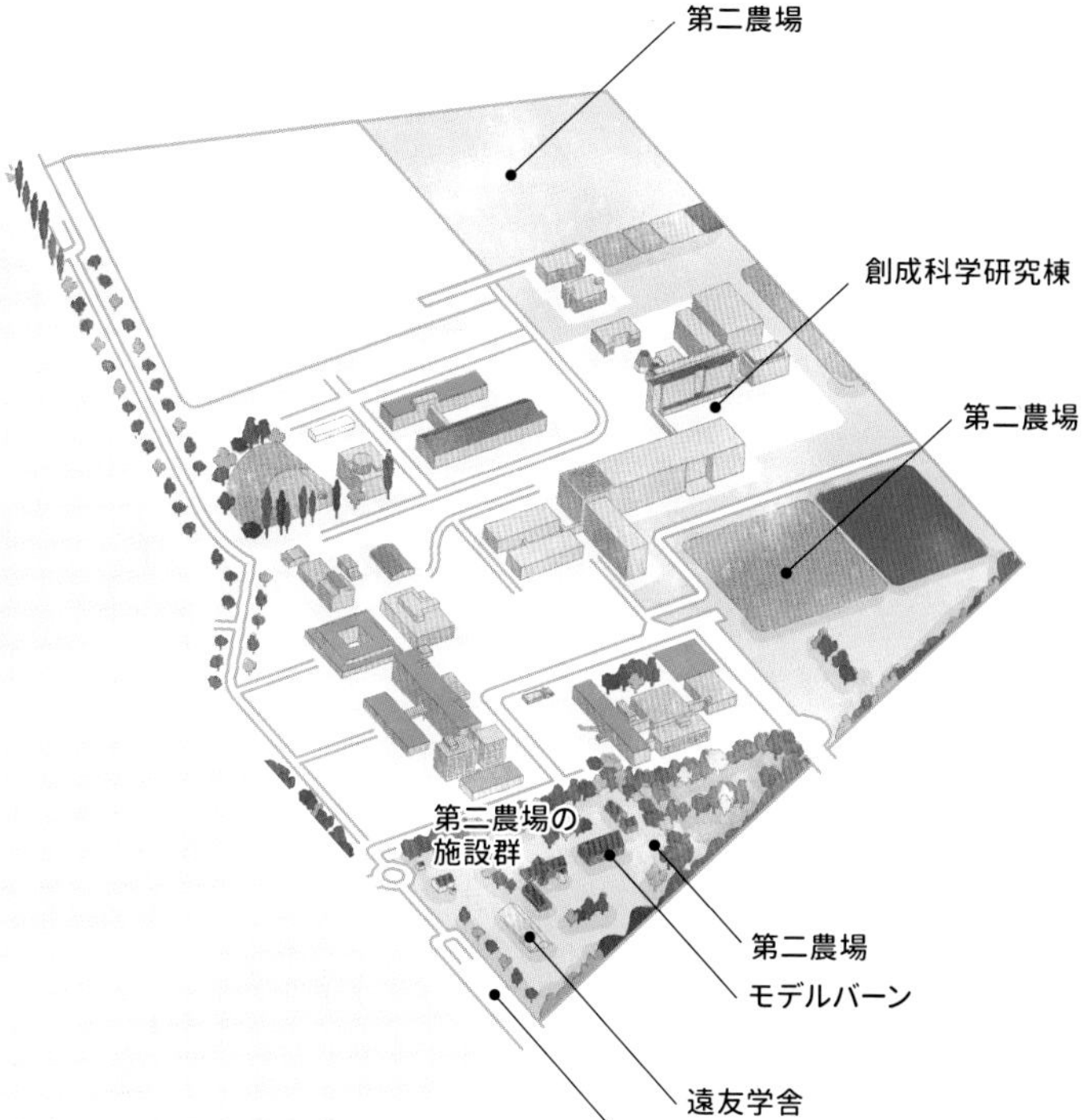
第二農場
創成科学研究棟
第二農場
第二農場の
施設群
第二農場
モデルバーン
遠友学舎
環状通エルムトンネル

札幌市役所ウェブサイト
(https://www.city.sapporo.jp/kensetsu/stn/doroshiryo/tunnel/05_elm.html)から

## 環状通エルムトンネル

エルムトンネルは札幌の交通の大動脈である環状通の一部であり、七三〇mにわたって札幌キャンパスの地下を横断している。

かつては地上道路だったが片側一車線であり、交通量に対して十分ではなかった。北大と市・道は整備に関する協議を一九八一年から始め、一九九六年に計画を確定。トンネル化によって自然環境の破壊、騒音や事故のリスクを避けることとなった。工事は翌年から始まり、二〇〇一年に完成した。

多数の車両が行き交うトンネル内とうってかわって、地上部は木々が茂る静かな散策路になっている。運がよければ道端から獣医学部の牛を眺めることもできる。

写真：いいね！ Hokudai「＃74 受け継がれるクラークの精神－平成遠友夜学校(1)」より

## 遠友学舎

北一八条門を出て左手に見える遠友学舎は北海道大学創基百二十五周年記念事業の一環で、二〇〇一年に建てられた。特徴的な屋根は裏手に広がるモデルバーンの切妻式屋根を模したものである。

名称の由来は、満足に教育を受けられない若者に向けて、新渡戸稲造夫妻が一八九四年に開いた「遠友夜学校」である。その志は現代に受け継がれ、遠友学舎では二〇〇五年より有志が「平成遠友夜学校」を開校している。授業が開かれている夜には、温もりのある明かりを受けて学ぶ市民の姿を外から眺めることができる。新渡戸夫妻の夜学校に似た熱気を感じられるはずだ。

牧牛舎(牝牛舎)/写真：いいね！ Hokudai「「4,000いいね！」を達成」より

## 第二農場の施設群

札幌農学校第二農場の施設群計九棟は一九六九年に国の重要文化財の指定を受けた。当施設は北海道の厳しい冬を凌ぐための工夫がなされている。そのひとつが切妻式の屋根である。切妻式は急な傾斜が施された山形の屋根で、雪はある程度積もるとその重みによって自然と滑り落ちる。雪の多い日に第二農場を散策していると、時折さらさらと雪が屋根から滑っていく様子を見ることができる。

産室追込所及耕馬舎(旧モデルバーン)はクラーク博士がマサチューセッツ農科大学の第三代学長を務めていた際に、建設したバーン(畜舎)を参考に造られている。北海

冬の牧牛舎（牝牛舎）/写真：経済学部・植松春菜（北大写真部）

道大学大学文書館年報に掲載された「マサチューセッツ農科大学のモデルバーン（一八六九年建築）について」の写真を見ると、角度のある二面構成の屋根になっているのがわかる。

札幌は北緯四三度、マサチューセッツ農科大学が創設されたアマーストは北緯四二度に位置し、どちらも冬は厳しい寒さとなる。札幌農学校の教頭に迎えられたクラーク博士は、多くの積雪に耐える構造を備えているマサチューセッツ農科大学のバーンを手本に、雪の多い札幌の地で畜舎を構想し、北海道の農業教育の礎を築いた。

産室追込所及耕馬舎(旧モデルバーン)/写真：水産学部·石丸雄理(北大写真部)

産室追込所及耕馬舎(旧モデルバーン)(右)，穀物庫(コーンバーン)(中央)と収穫室及脱ぷ室(左)/写真：教育学部·濱島慶介(北大写真部)

収穫室及脱ぷ室（左）と穀物庫（コーンバーン）（右）/写真：教育学部·濱島慶介（北大写真部）

産室追込所及耕馬舎（旧モデルバーン）を南側から見たところ（右）と牧牛舎（牝牛舎）の東側にあるサイロ（左）/写真：教育学部·濱島慶介（北大写真部）

写真：匿名(いいね！ Hokudai 投稿写真)*

## 第二農場

北二〇条東門を入ってすぐの開けた区域が現在の第二農場である。左に道なりにゆけば、札幌農学校時代の第二農場にあたる、モデルバーンにたどりつく。周辺一帯は構内の北端に位置することから北キャンパスと呼ばれている。北一八条門までの中央通りは多くの学生や教職員で賑わっている一方、その先の北キャンパスには静謐な空間が広がっており、特に第二農場付近は時間の流れすらもゆるやかになっているようである。思索に耽るのに最適である。

第二農場の特徴は牧歌的な風景と、先端的研究を進める創成研究機構の真新しい建物群がそびえ立つさまが渾然一体となって

*連絡先をご存知の方はご一報ください。

写真：教育学部・濱島慶介（北大写真部）

いる点である。現代の北大らしさを投影している場所といえるだろう。用途はさまざまで、時期によって、牛や羊の放牧、栽培した牧草をトラクターのタイヤほどのサイズに丸めた牧草ロールを作る様子に遭遇する。冬季には深い雪に埋まりながら雪中観測を行う研究者を遠目に見ることができる。

また、第二農場の最北端には馬術部の馬場とアメリカンフットボール・ラクロス場が広がっており、そこでは学生が技術の向上を目指して、鍛錬に励んでいる。少し遠いが、タイミングがあえば、汗を流す学生を見られるので、足をのばしてみるのもいいかもしれない。

写真：教育学部·濱島慶介（北大写真部）

# 創成科学研究棟

中央通りを北上し、低温科学研究所のさらに北西に広がる北キャンパス。獣医学部までの北大らしい風景とは異なる、あたかもミニ研究都市と荒野の組み合わせのような、不思議な景色が続く。その中でひときわ堂々たる威容を放つのが、創成科学研究棟である。ここは「先端的融合的研究・学問の推進」、「経済・地域社会との連携とその発展への寄与」、「人材の育成」の三本の柱を全学的に推進する拠点である。あの「はやぶさ」が持ち帰った宇宙サンプルを分析した同位体顕微鏡もこの棟に鎮座し、活用されている。今日はここで、どんな研究成果が生み出されているだろうか。

# Ⅱ　札幌キャンパスの花・鳥・虫

フクジュソウ

キタコブシ

シラカンバ

ハコネウツギ

シラー

ヒヨドリ

ヒレンジャク(右)と
キレンジャク(左)

オシドリ♀とヒナ

ルリボシヤンマ

ハネナガフキバッタ

モンキチョウ

テントウムシ

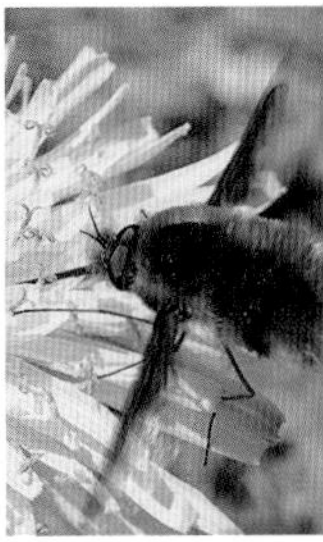
ビロウドツリアブ

花写真：すべて北大総合博物館植物ボランティア　野の花散歩の会・与那覇モト子
鳥写真：すべて大学院理学研究院・松王政浩
虫写真：すべて工学部OB・木野田君公

## 札幌キャンパスに咲く花／写真：匿名以外はすべて北大総合博物館植物ボランティア 野の花散歩の会・与那覇モト子

### 黄・オレンジの花

キバナノアマナ

キンミズヒキ

ユリノキ/匿名

マンサク

ナニワズ♀

ヒュウガミズキ

### 白い花

ドクダミ

ミズバショウ

オオバナノエンレイソウ

アズマイチゲ

フッキソウ

クルマバソウ

オオウバユリ/匿名

オドリコソウ

オオハナウド

キタコブシ

クリ

ミツバウツギ

ヤマボウシ

ハクウンボク

イボタノキ

## 赤・ピンク・赤紫の花

ヒメザゼンソウ

クロユリ

カツラ♂

ライラック

ヤエベニシダレ

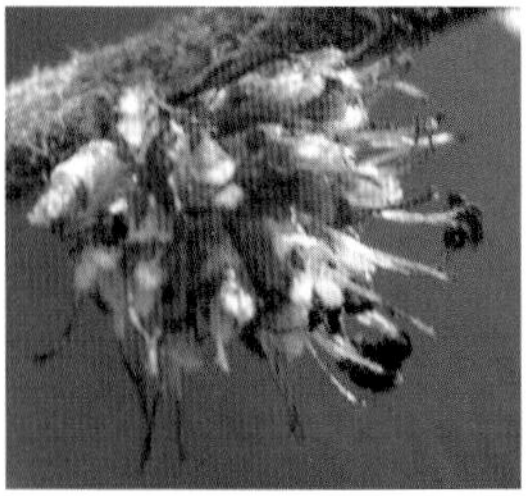

ハルニレ

ハウチワカエデ

オニグルミ♀

アメリカハナノキ

エンレイソウ

ヤチダモ♂

## 青・青紫の花

クサフジ

ツユクサ

ニオイスミレ

エゾエンゴサク

ツルニチニチソウ

オオイヌノフグリ

## 緑・クリームの花

バイケイソウ

ケヤマウコギ

サンショウ♀

トサミズキ

イガオナモミ

ツルウメモドキ♂

オオバボダイジュ

エゾイタヤ

# 札幌キャンパスに来る鳥／写真：すべて大学院理学研究院・松王政浩

## 一年中居る鳥

コゲラ

アカゲラ♀

ハシボソガラス

ハシブトガラス

ハシブトガラ

ゴジュウカラ

ヒヨドリ

スズメ（幼）

シジュウカラ♀

シジュウカラ（幼）

シジュウカラ♂

ヤマガラ

カワラヒワ♂

カワラヒワ♀

シメ♂

## 春～秋に来る鳥／春と秋に来る鳥（ルリビタキ）

キバシリ

ウソ♀

ビンズイ

センダイムシクイ

モズ♀

アオジ♂

オシドリ♂と♀（右）

コムクドリ♀（左）と♂（上）

キビタキ

ルリビタキ♀

ルリビタキ♂／春と秋に来る

## 秋〜春に来る鳥

キクイタダキ

ツグミ♂

ハチジョウツグミ

ミソサザイ

マヒワ♀

マヒワ♂

キレンジャク

ヒレンジャク

シマエナガ

# 札幌キャンパスで見られる虫／写真:すべて工学部OB・木野田君公

## チョウの仲間

ミヤマカラスアゲハ

エゾシロチョウ

キアゲハ

ルリシジミ

ベニシジミ

ミドリシジミ

サカハチチョウ

クジャクチョウ

クロヒカゲ

ミドリヒョウモン

コキマダラセセリ

ヒトリガ

## クワガタやセミなどの仲間

ハナウドゾウムシ

オトシブミ

ゴマダラカミキリ

メノコツチハンミョウ

イタドリハムシ

アカハナカミキリ

ナガメ

ハナムグリ

エゾハルゼミ

ミヤマクワガタ

ノコギリクワガタ

アブラゼミ

## トンボの仲間

ルリイトトンボ

カワトンボ

ギンヤンマ

シオカラトンボ

オオルリボシヤンマ

マユタテアカネ

ヨツボシトンボ

アキアカネ

ノシメトンボ

## バッタの仲間

トノサマバッタ

サッポロフキバッタ

ハネナガキリギリス

ツユムシ

エゾエンマコオロギ

カンタン

## ハチやアブの仲間

サッポロヒゲナガハナアブ

ハナアブ

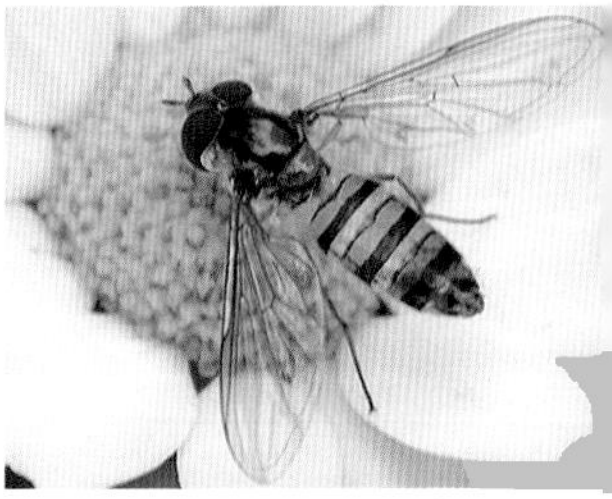
ホソヒラタアブ

キイロスズメバチ

ツヤクロスズメバチ

ホクダイコハナバチ

オオスズメバチ

セイヨウミツバチ

エゾオオマルハナバチ

北大植物園の「花ごよみ」の一部：北海道大学植物園ウェブサイト
(https://www.hokudai.ac.jp/fsc/bg/g_bloom.html) から

博物館便所
バチェラー記念館
宮部金吾記念館
(旧札幌農学校動植物学教室東翼部)
植物園門衛所
N
0
100m

博物館倉庫
博物館鳥舎
博物館事務所
（旧事務所）
博物館本館
高山植物園

正式名称は北方生物圏フィールド科学センター植物園。札幌キャンパスから南へ一〇分ほど歩いたところにあり、一八八六年に開園した日本で二番目に古い植物園である。広さは一三・三ha、高山植物など約四〇〇〇種類の植物が植えられている。アイヌなど東アジアの北方民族が利用した植物の植栽展示がなされている北方民族植物標本園や、地形や植生に人の手を入れず明治以前の姿を残している自然林のように、テーマをもったエリアも設置されている。学生の教育や研究目的の施設であるが、一般の方も入園料を払って利用でき、観光客や市民など、多くの人が訪れている。

## 花ごよみと園内マップ

園内には、ハンカチノキや開花時に鉢植え展示しているレブンアツモリソウなど貴重な植物も多い。また約二〇品種のライラックの仲間が植えられた並木も札幌らしく、宮部金吾記念館の入口左にあるライラックは、札幌最古の一本といわれている。目あての花がある人や、どの時期に行こうか考えている人のために、年間の開花や紅葉の目安を一覧にまとめた「花ごよみ」と、約一週間で更新する「見ごろ情報」を植物園ウェブサイトにて掲載している。また訪れた人がスムーズに園内を回れるよう、園内マップおよびモデルコースが掲載されたパンフレットや案内板が用意されている。

## 絶滅危惧植物の保全

北大植物園では近年、絶滅危惧植物や日

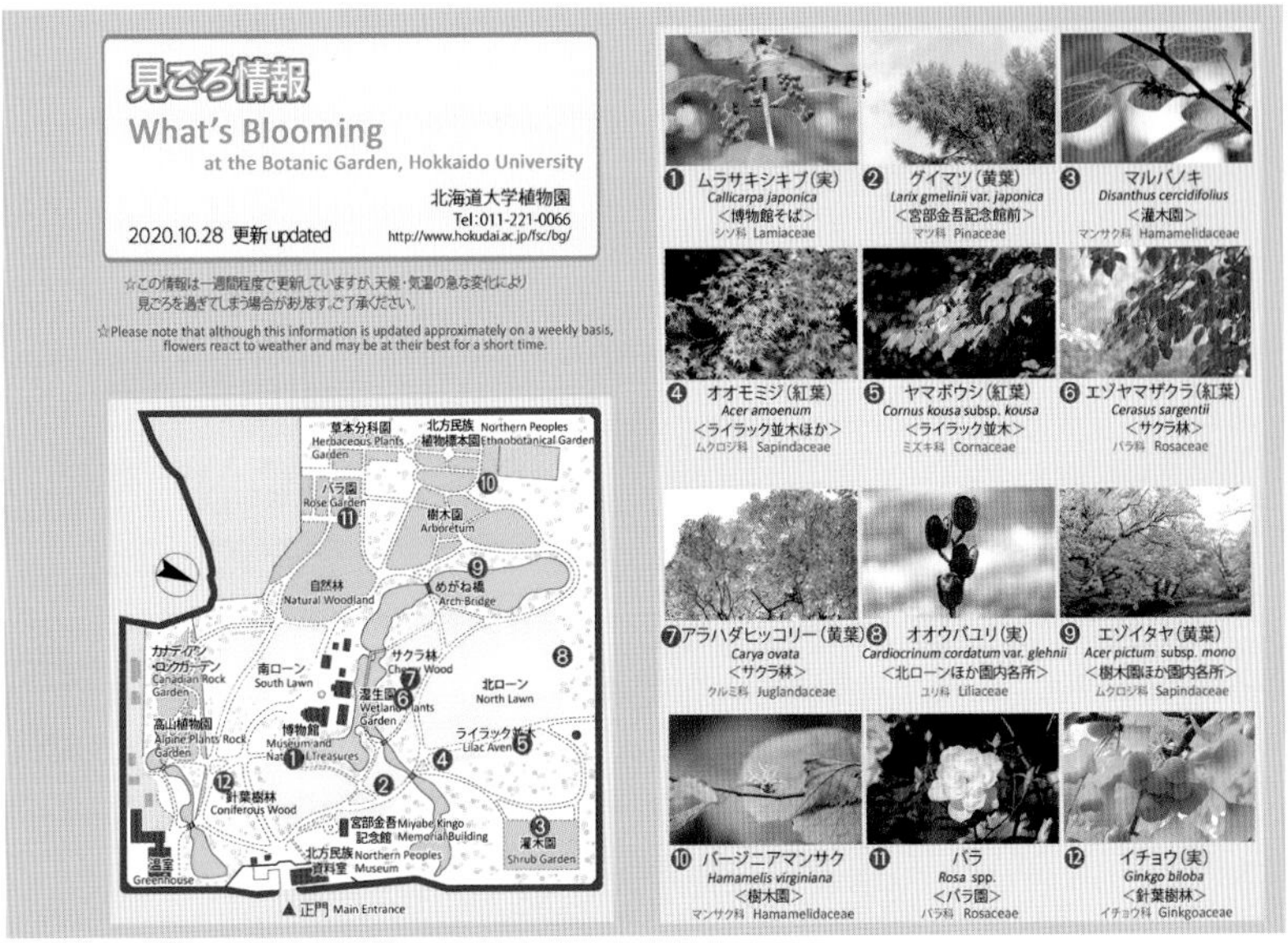


北大植物園の「見ごろ情報」:北海道大学植物園ウェブサイト
(https://www.hokudai.ac.jp/fsc/bg/pdf/migoro.pdf)から

本固有種・北海道固有種などの希少植物の生息域外保全に力を入れて取り組んでいる。特に高山植物には、札幌の冷涼な気候だからこそ、育成や保全が可能な種も多い。夏の暑さを和らげる工夫が施された高山植物園には、たくさんの高山植物が植栽されている。また、展示棚のスペースでは、鉢植えの形で絶滅危惧植物の一部を見ることができる。保全育成する絶滅危惧種を一般の来園者が見ることができる植物園は、全国的にも貴重である。

## 歴史的建造物群

植物だけでなく、開園当時の趣を残す建造物が園内各所にある。博物館本館、博物館事務所(旧事務所)、博物館倉庫、博物館便所、博物館鳥舎、植物園門衛所の六棟は

博物館本館/写真：教育学部・濱島慶介(北大写真部)

博物館倉庫/写真：いいね！ Hokudai「北海道大学植物園　6月の見ごろ」より

一九八九年に指定された国の重要文化財である。それらの一部は現在でも使用されているが、中でも博物館本館は、植物園開園より前の一八八二年建築であり、現役で使われている博物館建築としては日本最古である。

## 宮部金吾記念館

文化勲章を受賞した初代園長・宮部金吾（一八六〇〜一九五一）の遺品やゆかりの品を展示している。展示物は、宮部が学生時代に使用していたノートや植物採集記録、愛用していた顕微鏡などのほか、本園設立に関わる資料、親交のあった新渡戸稲造、内村鑑三らと交わした書簡など幅広い。本記念館の建物は、一九〇一年に当時文部省の建築技師だった中條精一郎が設計し建設され

宮部金吾記念館/写真：教育学部・濱島慶介(北大写真部)

バチェラー記念館/写真：教育学部・濱島慶介（北大写真部）

た札幌農学校動植物教室の一部を、一九四二年に園内に移築したもの。二〇〇〇年には国の登録有形文化財に指定された。

### バチェラー記念館

アイヌの教育と研究に取り組み「アイヌ研究の父」とも呼ばれるイギリス人宣教師・ジョン・バチェラー（一八五四〜一九四四）の旧宅である。一八九八年に本園近くに建てられ、バチェラーが一九四〇年に離日するまで住んでいた。その後一九六二年に北海道から寄贈され、園内に移築された。現在はバチェラーの遺品などを保管する収蔵施設として利用され、内部は非公開となっている。国の登録有形文化財である。

# Ⅳ　札幌市時計台

103・104頁写真：教育学部・濱島慶介（北大写真部）

「旧札幌農学校演武場」が、札幌の大通公園の近くにある観光名所のひとつ、札幌市時計台の正式名称である。この演武場は札幌農学校の中央講堂として一八七八年に建築された。時計塔の設置は落成式に出席した黒田清隆開拓長官の鶴の一声で決まったといわれ、一八八一年に完成し、以来澄んだ鐘の音を耳にする札幌の人々から「農学校の大時計」として親しまれてきた。時計台は一九七〇年に国の重要文化財に、二〇〇九年には稼働している国内最古の塔時計として、三二番目の機械遺産に認定されている。明治の農学校時代から札幌とともにあった時計台は、今も未来へ時を刻み続けている。

写真(上)･おしょろ丸，(下)･うしお丸/写真(上下とも)：函館キャンパス事務部

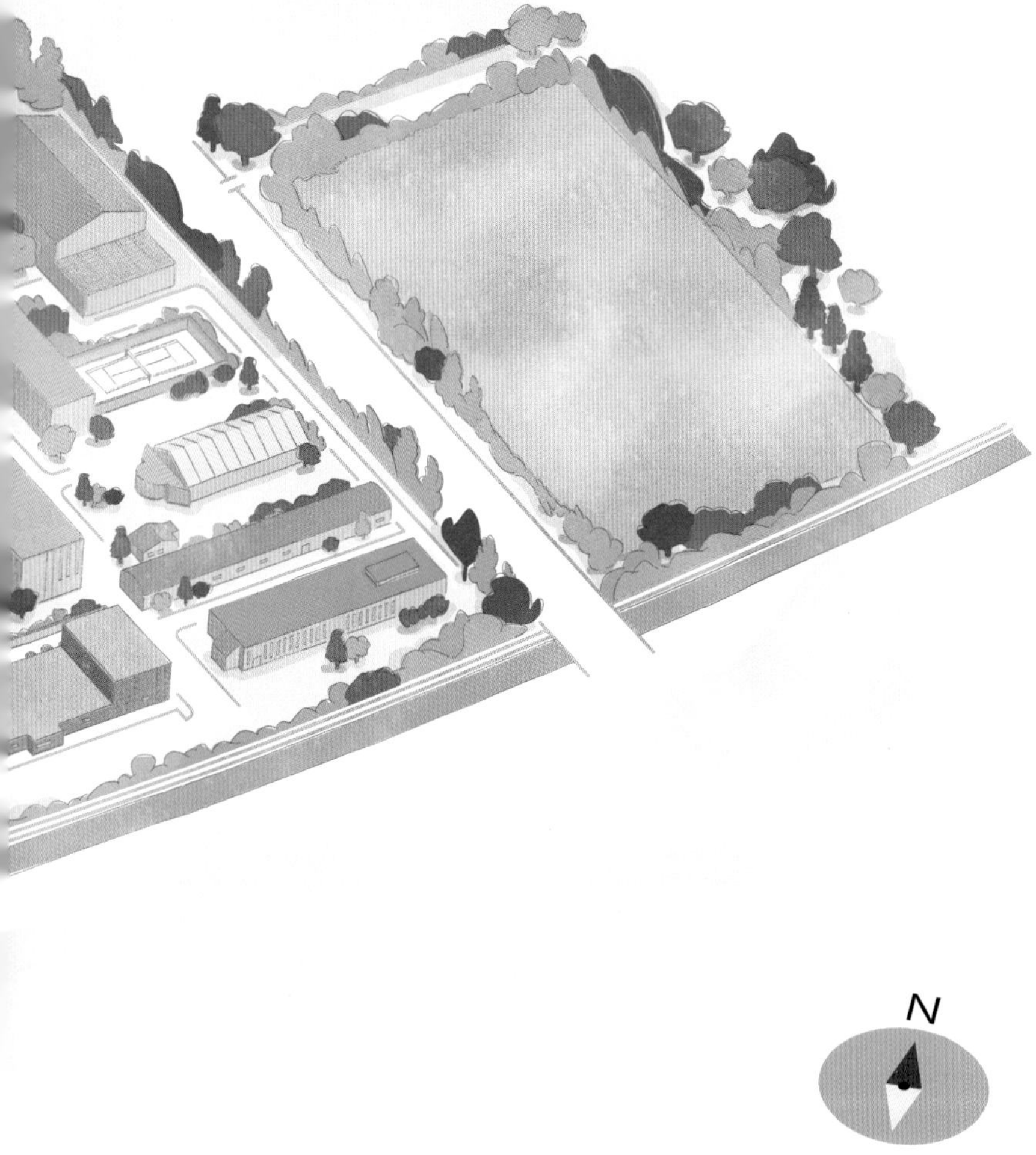
N
0
100m

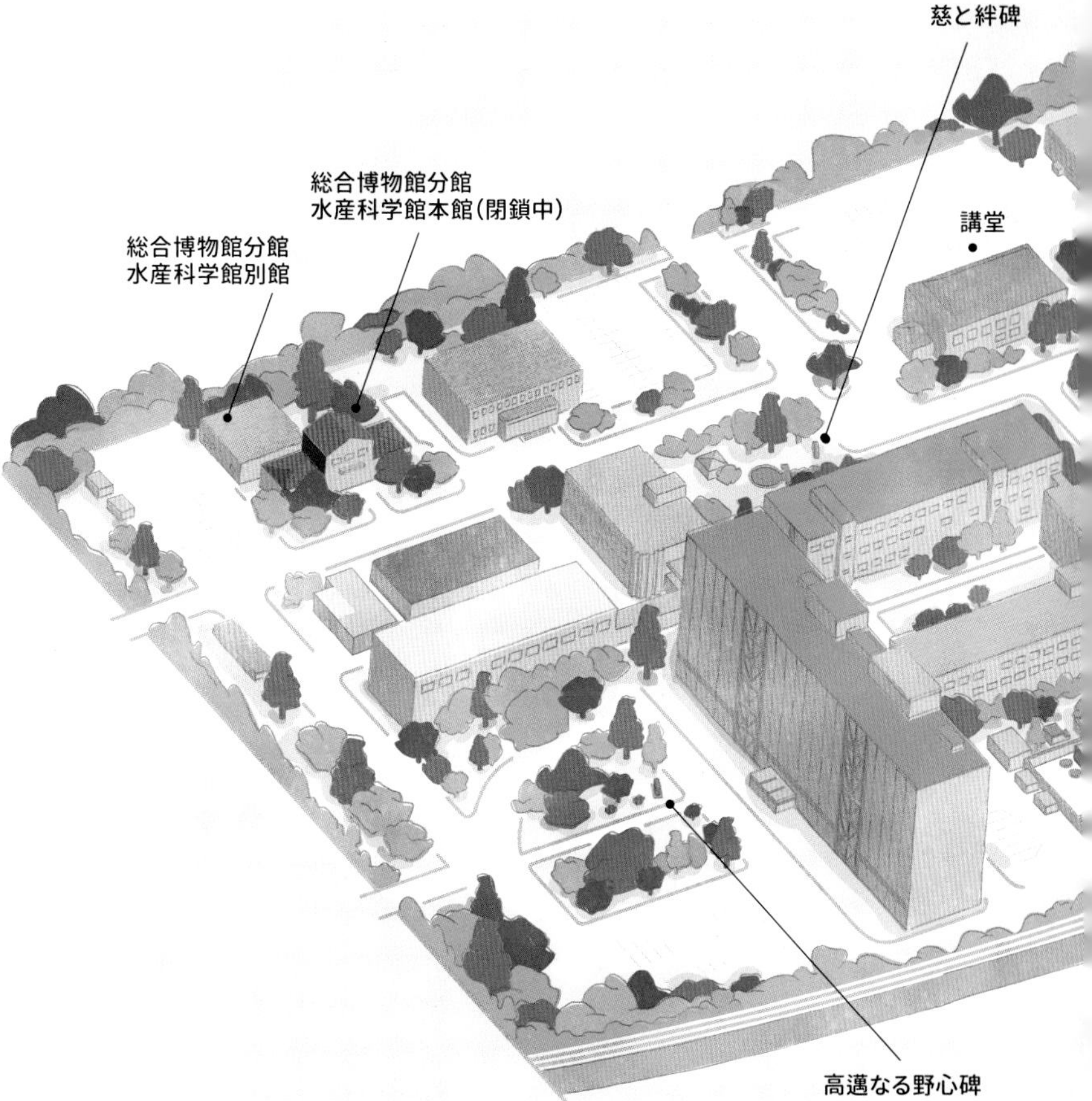
慈と絆碑
総合博物館分館
水産科学館本館(閉鎖中)
講堂
総合博物館分館
水産科学館別館
高邁なる野心碑

写真：函館キャンパス事務部研究協力担当

## 総合博物館分館 水産科学館

一九五八年に開館した水産博物館が起源。六四年に水産資料館、二〇〇七年に水産科学館となる。本館では、世界の代表的な魚類約五五〇種、和船・網具・釣具模型、真珠などの水産加工製品など、一九八三年に開館した別館では、水産学部の歴史資料や北方系の海鳥や海獣類の剥製・骨格標本が展示されていたが、現在は休館中。二〇二四年一〇月に開館した水産科学未来人材育成館三階へ移転予定。水産生物標本館では、魚類、海産無脊椎動物、プランクトンの液浸標本など約二五万七〇〇〇点が保管されている(二〇一六年時点)。

写真：函館キャンパス事務部研究協力担当

## 高邁なる野心碑

二〇〇七年の水産学部創基百周年を記念して建立。クラーク博士の言葉は、学生との別れの間際に残したとされる「Boys, be ambitious」が有名だが、「高邁なる野心」は博士の札幌農学校赴任時の言葉「Lofty ambition」の和訳である。揮毫は函館の書家、鈴木大有氏による。言葉が刻まれた黒御影石は中国産、台座の白御影石は韓国産と、水産学部を象徴する国際色豊かな記念碑。デザインは函館キャンパスの学生・教職員からの公募。水産学部の精神的支柱として生きる「高邁なる野心」の言葉は、函館キャンパス最大の建物である管理研究棟と向かいあい、つねにその重要性を語りかけている。

## 慈と絆碑

二〇〇七年五月二七日に北海道大学水産学部・桜を守る会により建立。キャンパスを彩る二四種類一〇八本（二〇一九年五月現在）の桜には、水産学部創基七十五周年を記念したものや、病に倒れながらも左手で絵を描き続けている米田勤氏（一九六一年卒業）のことを知った函館市立青柳小学校六年の児童らの提案により、担任で桜研究家であった浅利政俊氏とともに植樹されたものなどがある。碑銘は、桜に関わった多くの方々の、人を愛し大切に思う心『慈』と、人と人とのつながりを大切に思う心『絆』を表したもので、当時会長の繪面良男氏（第一八代水産学部長）の提案による。

## 講　堂

函館キャンパスに現存するもっとも古い建物で、のちの北海道大学水産学部となる函館高等水産学校が一九三五年に設立された際に、本館講堂として建設された。過去

写真：函館キャンパス事務部研究協力担当

写真：函館キャンパス事務部研究協力担当

には入口付近にトドの剥製が設置されていたことから、水産学部の学生や教職員の間では「トド裏」と呼ばれていた。現在、そのトドは水産科学館に展示されている。講堂はその後の改築や耐震補強工事を経て、函館キャンパスの大学祭である「北水祭」、各サークルのイベントなどで今も用いられている。

### 練習船おしょろ丸・うしお丸

キャンパスから車で約四〇分の弁天岸壁が係留地。初代おしょろ丸は一九〇九年に竣工し、二〇一四年より五代目。最大搭載人員九九名、全長七八・二七m、国内総トン数一五九八トン。練習船では国内唯一の耐氷構造で、ときにはベーリング海や北極海まで赴《おもむ》く。うしお丸は一九七二年に研究

おしょろ丸/写真：
函館キャンパス事務部

うしお丸/写真：
函館キャンパス事務部

調査船として建造。二〇〇二年に航海士養成課程の特設専攻科が廃止され、練習船北星丸も廃船となり、一九九二年竣工のうしお丸二世が船体延長工事ののち、練習船となった。現在は、二〇二二年竣工の三代目で、最大搭載人員三三名、全長四五・六二m、国内総トン数二六二トン。北海道沿岸を中心とした調査、実習で活躍。

北海道大学CoSTEP
　科学技術コミュニケーションの教育研究機関
北海道大学総務企画部広報課
　北海道大学の魅力をウェブサイトなどで発信
北海道大学生活協同組合
　北海道大学の福利厚生事業を担っている生活協同組合

北大キャンパスガイド

2021年 3月25日　第1刷発行
2024年10月10日　第2刷発行

編　者　北海道大学CoSTEP
　　　　北海道大学総務企画部広報課
　　　　北海道大学生活協同組合
発行者　櫻井義秀

発行所　北海道大学出版会
札幌市北区北9条西8丁目 北海道大学構内(〒060-0809)
Tel. 011(747)2308・Fax. 011(736)8605・https://www.hup.gr.jp


㈱アイワード

ISBN978-4-8329-1410-0

## 監 修 者

栃内　新(とちない しん)
銀杏並木前で生まれキャンパスで育った生粋の北大っ子
元 北海道大学教授　理学博士

## 編集委員

村井　貴(むらい たかし)
編集統括
都ぞ弥生歌碑・原生林・遺跡保存庭園・恵迪寮・遠友学舎・
第二農場の施設群・第二農場 執筆
常葉大学造形学部准教授・元 北海道大学科学技術コミュニケーション
教育研究部門(CoSTEP) 特任助教

川本思心(かわもと ししん)
平成ポプラ並木・第一農場・ポプラ並木・花木園・環状通エルム
トンネル 執筆
北海道大学大学院理学研究院 准教授・元 北海道大学科学技術コミュニ
ケーション教育研究部門(CoSTEP) 部門長

種村　剛(たねむら たけし)
吉町太郎一像・楡影寮記念碑・寄宿舎跡の碑・札幌市時計台 執筆
北海道大学リカレント教育推進部特任教授・元 北海道大学科学技術コ
ミュニケーション教育研究部門(CoSTEP) 特任講師

西尾直樹(にしお なおき)
植物園　執筆
株式会社聴き綴り本舗 代表取締役・元 北海道大学科学技術コミュニケー
ション教育研究部門(CoSTEP) 特任助教

## 執筆者（50音順）

天野麻穂（あまの まほ）
CoSTEP 11期 修了
イチョウ並木・医学部百年記念館・創成科学研究棟 執筆

岩原由佳（いわはら ゆか）
CoSTEP 11期 修了
函館キャンパス 執筆

川本真奈美（かわもと まなみ）
CoSTEP 1期 修了
正門・学術交流会館・南門・百年記念会館 執筆

菊池 優（きくち ゆう）
CoSTEP 15期 修了
事務局本館・佐藤昌介像・北海道大学予科記念碑・サクシュコトニ川・中央ローン 執筆

北住由紀（きたずみ ゆき）
CoSTEP 12期 修了
農学部本館・総合博物館・理学部・小麦研究記念碑・人工雪誕生の地記念碑 執筆

口町和香（くちまち わか）
CoSTEP 12期 修了
聖蹟碑・旧昆虫学及養蚕学教室・昆虫学標本室・旧図書館・桑園学寮記念碑 執筆

佐久間有希（さくま ゆうき）
CoSTEP 14期 修了
中央通り・共用レクレーションエリア 執筆

沢田石誠（さわだいし まこと）
CoSTEP 5期 修了
クラーク像・クラーク会館・クラーク会館三階にもあるクラーク像・大野池（ひょうたん池） 執筆

柴田有花（しばた ゆか）
CoSTEP 11期 修了
病院前の胸像・医学部正面玄関と胸像 執筆

森岡和子（もりおか かずこ）
CoSTEP 1期 修了
附属図書館・古河講堂・軍艦講堂・書香の森・新渡戸稲造博士顕彰碑 執筆

**札幌キャンパスマップ・植物園マップ・函館キャンパスマップ 作製者**

菊池ちひろ(きくち ちひろ)

CoSTEP 13期 修了

**写真撮影・提供者**(敬称略)

〈II 札幌キャンパスの花・鳥・虫〉(扉写真も含む)

与那覇モト子(よなは もとこ)

北海道大学総合博物館植物ボランティア 野の花散歩の会

「札幌キャンパスに咲く花」の匿名以外のすべての写真

松王政浩(まつおう まさひろ)

北海道大学大学院理学研究院 教授

「札幌キャンパスに来る鳥」のすべての写真

木野田君公(きのた きみひろ)

北海道大学工学部OB

「札幌キャンパスで見られる虫」のすべての写真

## 北海道大学写真部

1938(昭和13)年設立の部活。部員約70人でアットホームに活動している。

石丸雄理(水産学部):カバー・表紙・56・59(左)・61・78(上)頁写真

植松春菜(経済学部):59(右)・71・77頁写真

神原龍冬(理学部):カバー・表紙・8・12・41(下)・48(左)・53(左)頁写真

杜　過(生命科学院OB):65頁(右)写真

濱島慶介(教育学部):カバー・表紙・扉・扉裏・7・9(右)・10・11・18(左)・19・22・26・27・30・31・33・35・36・38(下)・39・42・43(下)・44・52・54・62・63・64・66・67・68・69・78(下)・79・81・82・100(上)・101・102・103・104頁写真

宮崎俊明(工学部):カバー・表紙・1・20・65(左)頁写真

林禹慶(経済学部OB):60頁写真

## 北海道大学生活協同組合 希望の虹
## 「フォトコンテスト2019」(投稿写真)

金慧隣(大学院農学研究院):14頁写真

服部瑞生(文学部):58頁(上)写真

## CoSTEP「いいね! Hokudai」(掲載, 投稿写真)

温宇翀(農学部):38頁(上)写真
紅露雅之:48頁(右)写真
鈴木智大(法学部OB):15・23(下)頁写真
木下茂樹(経済学部OB):24・37頁写真
林忠一(CoSTEP13期本科修了・北方生物圏フィールド科学センター):53(右)頁写真
平田啓介(経済学部OB):46頁写真
山根直樹(農学部OB):51頁写真
渡井一輝:50頁写真
匿名:16・17・80*頁写真
いいね! Hokudai「札幌キャンパス「花木園」で, クロユリが満開に」:72頁写真
いいね! Hokudai「睡蓮の季節に」:58(下右)頁写真
いいね! Hokudai「#74 受け継がれるクラークの精神－平成遠友夜学校(1)」:カバー・表紙・75頁写真
いいね! Hokudai「「4,000いいね!」を達成」:カバー・表紙・76頁写真
いいね! Hokudai「北海道大学植物園 6月の見ごろ」:100(下)頁写真
*80頁の「匿名(いいね! Hokudai 投稿写真)」の撮影者の連絡先をご存知の方はご一報ください。

＊ ＊ ＊

菊池優(広報課):25頁(中)・(下)写真

北住由紀(理学研究院広報企画推進室):vi・43(上)・47頁写真

中村健太(写真家・北大写真部OB):28頁写真

仁坂元子(北海道大学出版会):iii・6・9(左)・13・32・34頁写真

前田次郎(経済学部OB):18頁(右)写真

松王政浩(大学院理学研究院)：カバー・表紙・58(下左)頁写真

村井貴：カバー・表紙写真

匿名：84・85頁写真

札幌市役所ウェブサイト：74頁写真

北海道大学施設部：カバー・表紙・23(上)・25(上)・49・57・70頁写真

北海道大学植物園ウェブサイト：95頁「花ごよみ」の一部・99頁「見ごろ情報」

北海道大学函館キャンパス事務部：カバー・表紙・105・112頁写真

北海道大学函館キャンパス事務部研究協力担当：扉裏・108・109・110・111頁写真

北海道大学理学研究院広報企画推進室：40・41(上)頁写真

## ご協力いただいた方々(個人，団体，敬称略)

伊藤美香(北海道大学医学系事務部)・上田敦(北海道大学函館キャンパス事務部)・大西広二(北海道大学大学院水産科学研究院)・大津珠子(北海道大学大学院理学研究院)・木野田君公(北海道大学工学部OB)・清野浩昭(北海道大学農学・食資源学事務部)・高橋英樹(北海道大学名誉教授)・田城文人(北海道大学総合博物館 水産科学館)・永井隆哉(北海道大学大学院理学研究院)・中塚英俊(北海道大学函館キャンパス事務部)・濱島慶介(北海道大学写真部前部長)・松王政浩(北海道大学大学院理学研究院)・宮崎俊明(北海道大学写真部元部長)・与那覇モト子(北海道大学総合博物館植物ボランティア野の花散歩の会)・北海道大学医学部広報室・北海道大学高等教育推進機構オープンエデュケーションセンター科学技術コミュニケーション教育研究部門(CoSTEP)・北海道大学写真部・北海道大学函館キャンパス事務部研究協力担当・北海道大学北方生物圏フィールド科学センター植物園・北海道大学農学部・北海道大学大学文書館・北海道大学大学院理学研究院広報企画推進室

# 参考文献・ウェブサイト


[マップ]
Google Earth.
札幌キャンパス地図　https://www.hokudai.ac.jp/introduction/campus/campusmap/（アクセス日：2020.11.25）
植物園園内紹介・モデルコース
https://www.hokudai.ac.jp/fsc/bg/g_guide.html（アクセス日：2020.11.25）
函館キャンパスアクセス・位置図・建物配置図・植物園
http://www2.fish.hokudai.ac.jp/department-graduate-school/access/（アクセス日：2020.11.25）
北海道大学総務企画部広報課．2019．キャンパスガイドマップ．
北海道大学北方生物圏フィールド科学センター植物園．2018．北海道大学植物園（リーフレット）．
[写真提供に関わるもの]
58頁スイレン写真：睡蓮の季節に．いいね！ Hokudaiウェブサイト
https://costep.open-ed.hokudai.ac.jp/like_hokudai/contents/article/776/（アクセス日：2020.11.25）
72頁写真：札幌キャンパス「花木園」で，クロユリが満開に．いいね！Hokudaiウェブサイト　https://costep.open-ed.hokudai.ac.jp/like_hokudai/contents/article/748/（アクセス日：2020.11.25）
74頁写真：札幌市役所ウェブサイト　https://www.city.sapporo.jp/kensetsu/stn/doroshiryo/tunnel/05_elm.html（アクセス日：2020.11.25）
76頁写真：いいね！Hokudai 「「4,000いいね！」を達成」．いいね！Hokudaiウェブサイト　https://costep.open-ed.hokudai.ac.jp/like_hokudai/contents/article/750/（アクセス日：2020.11.25）
100頁写真：いいね！ Hokudai「北海道大学植物園　6月の見ごろ」 https://costep.open-ed.hokudai.ac.jp/like_hokudai/contents/article/769/（アクセス日：2020.11.25）
[正　　門]
池上重康．2006．建築設計図が語る北大の歴史【第8回】正門．季刊　リテラポプリ，27号：裏表紙．北海道大学．
角幸博．「北海道大学正門」．石本正明・角幸博・齊藤貴之．2011．北大エコキャンパス読本－建築遺産編，11．北海道大学教育GP「博物館を舞台とした体験型全人教育の推進」・北海道大学総合博物館．
[事務局本館]
岩沢健蔵．2014．北大歴史散歩（第8刷），32-37．北海道大学出版会．
石本正明．「事務局本館（旧北海道帝国大学予科教室）」．石本正明・角幸博・齊藤貴之．2011．北大エコキャンパス読本－建築遺産編，12．北海道大学教育GP「博物館を舞台とした体験型全人教育の推進」・北海道大学総合博物館．
北海道大学125年史編集室（編）．2001．写真集　北大125年，15，169，171．北海道大学出版会．

八鍬利郎．2016．北大風景スケッチ，3．北海道大学出版会．
事務局前の構内説明板．
［佐藤昌介像］
岩沢健蔵．2014．北大歴史散歩（第8刷）．38-45．北海道大学出版会．
北海道大学大学文書館．2017．大学文書館1階 沿革展示室 第二期展示のリーフレット（佐藤昌介－北大の牽引者）．
佐藤昌介文庫3000冊．北海道大学附属図書館ウェブページ．
https://www.lib.hokudai.ac.jp/collections/personal/shosuke-sato/（アクセス日：2020.11.25）
［北海道大学予科記念碑］
大志を抱いて（チェックイン，2015年10月21日）．いいね！ Hokudai.
https://costep.open-ed.hokudai.ac.jp/like_hokudai/contents/article/834/（アクセス日：2020.11.25）
北海道大学予科記念碑前の構内説明板．
［学術交流会館］
北海道大学．1985．［表紙説明］学術交流会館．北大時報，5月号，No. 374：表紙．北海道大学．
学術交流会館．北海道大学学内貸付施設案内．北海道大学財務部資産運用管理課ウェブサイト．
https://www.hokudai.ac.jp/bureau/property/s01/（アクセス日：2020.12.08）
［南　　門］
池上重康．2010．建築設計図が語る北大の歴史【第20回】南門．季刊　リテラポプリ，41：裏表紙．北海道大学．
石本正明．「北海道大学南門（旧札幌農学校正門）」．石本正明・角幸博・齊藤貴之．2011．北大エコキャンパス読本－建築遺産編，13．北海道大学教育GP「博物館を舞台とした体験型全人教育の推進」・北海道大学総合博物館．
岩沢健蔵．2014．北大歴史散歩（第8刷）．33-34．北海道大学出版会．
［百年記念会館］
北海道大学．1978．百年記念会館概要．北海道大学．
北海道大学．1978．［表紙説明］百年記念会館．北大時報，2月号，No. 278：表紙．北海道大学．
百年記念会館．北海道大学学内貸付施設案内．北海道大学財務部資産運用管理課ウェブサイト．
https://www.hokudai.ac.jp/bureau/property/s03/（アクセス日：2020.12.08）
［附属図書館］
北海道大学附属図書館．2020．北海道大学附属図書館年報2020. 北海道大学附属図書館ウェブサイト．
https://www.lib.hokudai.ac.jp/about/publications/（アクセス日：2020.12.23）
八鍬利郎．2016．北大風景スケッチ，7．北海道大学出版会．
［サクシュコトニ川］
樋口晋．2002．サクシュ琴似川環境整備事業について．平成14年度技術研究発表会．1-2．平成14年度技術研究発表会河川浄化事業．寒地土木研究所論文・刊行物検索ウェブサイト． https://thesis.ceri.go.jp/db/documents/public_detail/23401/（アクセス日：2020.11.25）

過去に一度消えていた　中央ローンの川【編集部ブログ】(2018年12月29日)．北海道大学新聞編集部THE MAINSTREETウェブサイト．
https://www.hokudaishinbun.com/2018/12/29/1659(アクセス日：2020.11.25)
サクシュ琴似川環境整備．札幌市ウェブサイト．　https://www.city.sapporo.jp/kensetsu/kasen/menu04-01-01.html(アクセス日：2020.11.25)
TERRACE－科学とアートが出会う場所－　Act 1『北海道というヴァナキュラーな風景』を開催(News，2017年10月11日)．TERRACE－科学とアートが出会う場所－ウェブサイト　https://www.hokudai.ac.jp/terrace/566/(アクセス日：2020.12.10)
[中央ローン]
岩沢健蔵．2014．北大歴史散歩(第8刷)，8-13．北海道大学出版会．
[クラーク像]
岩沢健蔵．2014．北大歴史散歩(第8刷)，14-23．北海道大学出版会．
八鍬利郎．2016．北大風景スケッチ，10．北海道大学出版会．
[クラーク会館]
石本正明．「クラーク会館」．石本正明・角幸博・齊藤貴之．2011．北大エコキャンパス読本－建築遺産編，16-17．北海道大学教育GP「博物館を舞台とした体験型全人教育の推進」・北海道大学総合博物館．
岩沢健蔵．2014．北大歴史散歩(第8刷)，91-96．北海道大学出版会．
八鍬利郎．2016．北大風景スケッチ，11．北海道大学出版会．
[クラーク会館三階にもあるクラーク像]
岩沢健蔵．2014．北大歴史散歩(第8刷)，23．北海道大学出版会．
[古河講堂]
岩沢健蔵．2014．北大歴史散歩(第8刷)，2-7．北海道大学出版会．
角幸博．「古河講堂(旧東北帝国大学農科大学林学教室)」．石本正明・角幸博・齊藤貴之．2011．北大エコキャンパス読本－建築遺産編，15．北海道大学教育GP「博物館を舞台とした体験型全人教育の推進」・北海道大学総合博物館．
八鍬利郎．2016．北大風景スケッチ，9．北海道大学出版会．
[軍艦講堂]
八鍬利郎．2016．北大風景スケッチ，17．北海道大学出版会．
[書香の森]
書香の森．文学研究院ウェブサイト．
https://www.let.hokudai.ac.jp/book/about(アクセス日：2020.12.03)
[聖蹟碑]
岩沢健蔵．2014．北大歴史散歩(第8刷)，84-90．北海道大学出版会．
[旧昆虫学及養蚕学教室・昆虫学標本室]
石本正明．「旧北海道帝国大学昆虫学標本室」．石本正明・角幸博・齊藤貴之．2011．北大エコキャンパス読本－建築遺産編，23-24．北海道大学教育GP「博物館を舞台とした体験型全人教育の推進」・北海道大学総合博物館．
岩沢健蔵．2014．北大歴史散歩(第8刷)，72-78．北海道大学出版会．
角幸博．「旧昆虫学及養蚕学教室」．石本正明・角幸博・齊藤貴之．2011．北大エコキャンパス読本－建築遺産編，22．北海道大学教育GP「博物館を舞台とした体験型全人教育の推進」・北海道大学総合博物館．

［旧図書館］
石本正明.「旧札幌農学校図書館読書室・書庫」. 石本正明・角幸博・齊藤貴之. 2011. 北大エコキャンパス読本－建築遺産編, 16-17. 北海道大学教育GP「博物館を舞台とした体験型全人教育の推進」・北海道大学総合博物館.
岩沢健蔵. 2014. 北大歴史散歩（第8刷）, 72-78. 北海道大学出版会.
［桑園学寮記念碑］
桑園学寮記念碑. 札幌うぉーく点描ウェブサイト.
https://northman.exblog.jp/14748699/（アクセス日：2020.11.25）
桑園学寮. 恵迪寮同窓会ウェブサイト.
https://www.keiteki-ob.jp/asset/gakuseiryou03/（アクセス日：2020.11.25）
桑園学寮記念碑. 歴史のあしあと　札幌の碑ウェブサイト. https://rekishinoashiato-east.amebaownd.com/posts/8140697/（アクセス日：2020.11.25）
［農学部本館］
岩沢健蔵. 2014. 北大歴史散歩（第8刷）, 79-83. 北海道大学出版会.
角幸博.「農学部本館（環境資源バイオサイエンス研究棟）」. 石本正明・角幸博・齊藤貴之. 2011. 北大エコキャンパス読本－建築遺産編, 19-20. 北海道大学教育GP「博物館を舞台とした体験型全人教育の推進」・北海道大学総合博物館.
八鍬利郎. 2016. 北大風景スケッチ, 14-15. 北海道大学出版会.
沿革. 農学部ウェブサイト.
https://www.agr.hokudai.ac.jp/i/history（アクセス日：2020.12.08）
第19回BELCA賞ロングライフ部門表彰物件. 第19回BERCA賞ウェブサイト.
http://www.belca.or.jp/l87.htm（アクセス日：2020.11.25）
［総合博物館］
石本正明.「総合博物館（旧理学部本館）」. 石本正明・角幸博・齊藤貴之. 2011. 北大エコキャンパス読本－建築遺産編, 26-27. 北海道大学教育GP「博物館を舞台とした体験型全人教育の推進」・北海道大学総合博物館.
総合博物館の建物（旧理学部本館）とアインシュタイン・ドームについて. 北海道大学総合博物館建物ウェブサイト.
https://www.museum.hokudai.ac.jp/outline/building/（アクセス日：2020.11.25）
［理学部］
岩沢健蔵. 2014. 北大歴史散歩（第8刷）, 103-108. 北海道大学出版会.
八鍬利郎. 2016. 北大風景スケッチ, 20. 北海道大学出版会.
［小麦研究記念碑］
在田一則. 2015. 北大あれこれ, 麦研究記念碑. 北海道大学総合博物館ボランティアの会（編集）. 北海道大学総合博物館 ボランティア ニュース　木原　均先生小伝－研究と探検とスポーツと－　抜粋特別号, 7.
https://www.museum.hokudai.ac.jp/wp-content/uploads/2016/06/vnews_kihara_201506.pdf（アクセス日：2020.11.25）
小麦研究記念碑. 北大広報誌Littera Populi　【キャンパス探訪】ウェブサイト.
https://www.hokudai.ac.jp/bureau/populi/edition16/campus.html（アクセス日：2020.11.25）
［中央通り］
八鍬利郎. 2016. 北大風景スケッチ, 16. 北海道大学出版会.

［共用レクレーションエリア］
共用レクレーションエリアの廃止について．北海道大学施設部ウェブサイト．
http://www.facility.hokudai.ac.jp/（アクセス日：2020.11.25）
北大ジンパ問題対策委員会　https://hokudai-jimpa.tumblr.com/（アクセス日：2020.11.25）
［イチョウ並木］
岩沢健蔵．2014．北大歴史散歩（第8刷），121-130．北海道大学出版会．
八鍬利郎．2016．北大風景スケッチ，29．北海道大学出版会．
令和2年イチョウ並木黄葉状況について．北海道大学新着情報ウェブサイト．
https://www.hokudai.ac.jp/news/2020/09/2-42.html（アクセス日：2020.11.25）
［病院前の胸像］
北海道大学病院概要，北海道大学病院ウェブサイト．
https://www.huhp.hokudai.ac.jp/wp-content/uploads/2020/11/outline2020-2.pdf（アクセス日：2020.11.27）
札幌デジタル彫刻美術館ウェブサイト．http://www7b.biglobe.ne.jp/~hashi-sculp/Museum/4hokudai/230/230.html（アクセス日：2020.11.27）
［医学部正面玄関と胸像］
医学部創立九〇周年記念事業実行委員会「北大医学部九十年史」刊行小委員会，2011，北大医学部九十年史，85頁．
北海道大学医学部ウェブサイト．https://www.med.hokudai.ac.jp/general/facilities/facilities1/index.html（アクセス日：2020.11.27）
［医学部百年記念館］
小澤丈夫・小篠隆生．2019．「北海道大学医学部百年記念館　落成式」に寄せて．北大医学部同窓会新聞　第165号　3面；北海道大学大学大学院医学研究院／大学院医学院／医学部医学科広報，79（北海道大学医学部創立100周年記念号）：4.　https://www.med.hokudai.ac.jp/general/ko-ho/doc/ko-ho/2020-03-n79.pdf.（アクセス日：2020.11.25）
［人工雪誕生の地記念碑］
岩沢健蔵．2014．北大歴史散歩（第8刷），109-114．北海道大学出版会．
八鍬利郎．2016．北大風景スケッチ，21．北海道大学出版会．
中谷宇吉郎　没後50年『人工雪誕生の地の碑』－北大常時低温研究室小史－．
https://www.museum.hokudai.ac.jp/wp-content/uploads/2012/04/NakayaUkichiro_2012_Summer.pdf（アクセス日：2020.11.25）
理学部シンボルマーク．北海道大学理学部ウェブサイト．
https://www2.sci.hokudai.ac.jp/logomark（アクセス日：2020.11.25）
［大野池（ひょうたん池）］
八鍬利郎．2016．北大風景スケッチ，22．北海道大学出版会．
［吉町太郎一像］
北海道大学．1980．北大百年史部局史，711-712．ぎょうせい
［楡影寮記念碑］
北海道大学125年史編集室（編）．2002．写真集北大の125年，180-182．北海道大学出版会
［都ぞ弥生歌碑］
岩沢健蔵．2014．北大歴史散歩（第8刷），132-140．北海道大学出版会．

八鍬利郎．2016．北大風景スケッチ，36．北海道大学出版会．
［寄宿舎跡の碑］
岩沢健蔵．2014．北大歴史散歩（第8刷），132-140．北海道大学出版会．
［遺跡保存庭園］
岩沢健蔵．2014．北大歴史散歩（第8刷），152-158．北海道大学出版会．
［恵迪寮］
八鍬利郎．2016．北大風景スケッチ，37．北海道大学出版会．
［平成ポプラ並木］
岩沢健蔵．2014．北大歴史散歩（第8刷），115-120．北海道大学出版会．
北海道大学125年史編集室（編）．2001．北大の125年，124．北海道大学図書刊行会［現・北海道大学出版会］．
北海道大学125年史編集室（編）．2003．第8章　札幌キャンパスの地形と遺跡．北大百二十五年史　通説編．306．北海道大学．
［第一農場］
八鍬利郎．2016．北大風景スケッチ，24-26．北海道大学出版会．
生物生産研究農場　施設概要．北海道大学北方生物圏フィールド科学研究センターウェブサイト．
http://www.fsc.hokudai.ac.jp/farm/outline/overview/（アクセス日：2020.11.25）
生物生産研究農場　沿革．北海道大学北方生物圏フィールド科学研究センターウェブサイト．
http://www.fsc.hokudai.ac.jp/farm/outline/history/（アクセス日：2020.11.25）
［ポプラ並木］
岩沢健蔵．2014．北大歴史散歩（第8刷），115-120．北海道大学出版会．
八鍬利郎．2016．北大風景スケッチ，24-26．北海道大学出版会．
札幌市教育委員会文化資料室．1986．札幌の木々（さっぽろ文庫，38）．32．北海道新聞社．
北海道大学総合博物館（編）．2004．烈風一過　北大キャンパスの木々．12-13．北海道大学図書刊行会［現・北海道大学出版会］．
現地看板「北大ポプラ並木」．『北区歴史と文化の八十八選』札幌市北区役所（1991）
現地看板「北海道大学ポプラ並木再生記念」．北海道大学総長中村睦男（2005）
横田誠三．北大ポプラチェンバロ製作顛末記．横田ハープシコード工房ウェブサイト．https://www.ne.jp/asahi/cemb/ykt/popularcembalo.html（アクセス日：2020.11.25）
日本木材学会ウェブサイト．
http://www.jwrs.org/woodience/mm002/yokota.pdf（アクセス日：2020.11.25）
［新渡戸稲造博士顕彰碑］
岩沢健蔵．2014．北大歴史散歩（第8刷），53-63．北海道大学出版会．
弥和順・佐々木啓（編）．2015．新渡戸稲造略年譜．新渡戸稲造に学ぶ，249-257．北海道大学出版会．
［花木園］
高橋英樹・露崎史朗・笹賀一郎・齊藤貴之（編集）．2005．改訂版 北大エコキャンパス読本－植物編 付・鳥類リスト．52頁．北海道大学教育GP「博

物館を舞台とした体験型全人教育の推進」・北海道大学総合博物館.
花木園前の構内説明板.
［環状通エルムトンネル］
環状通エルムトンネル．札幌市ウェブサイト．
https://www.city.sapporo.jp/kensetsu/stn/doroshiryo/tunnel/05_elm.html（アクセス日：2020.12.04）
北海道道路管技術センター．2002．HOT NEWS環状通エルムトンネルが完成．北の交差点，Vol.10 Autumn-winter．北海道道路管技術センターウエブサイト． http://rmec.or.jp/back_number/vol-10-autumn-winter-2002（アクセス日：2020.12.10）
北海道大学．2001．環状通エルムトンネル開通．北大時報，August，2001 No.569．北海道大学ウェブサイト． https://www.hokudai.ac.jp/bureau/news/jihou0108/569_09.htm（アクセス日：2020.12.10）
北海道大学施設部　2018．キャンパスマスタープラン2018．北海道大学ウェブサイト．　www.facility.hokudai.ac.jp.（アクセス日：2020.12.10）
［遠友学舎］
遠友学舎．北海道大学ウェブサイト． https://www.hokudai.ac.jp/introduction/campus/en-yu/（アクセス日：2020.12.10）
［第二農場の施設群］
石本正明．「第二農場の建物たち」．石本正明・角幸博・齊藤貴之．2011．北大エコキャンパス読本－建築遺産編，28-35．北海道大学教育GP「博物館を舞台とした体験型全人教育の推進」・北海道大学総合博物館.
池上重康．2015．マサチューセッツ農科大学のモデルバーン（1869年建築）について．北海道大学大学文書館年報，10：25-36．北海道大学大学文書館．HUSCAPウェブサイト　http://eprints.lib.hokudai.ac.jp/dspace/handle/2115/59209（アクセス日：2020.11.25）
岩沢健蔵．2014．北大歴史散歩（第8刷），159-168．北海道大学出版会.
［創成科学研究棟］
増田隆夫．融合科学研究拠点づくりを目指して．北海道大学創成研究機構機構長メッセージウェブサイト．
http://www.cris.hokudai.ac.jp/cris/message/（アクセス日：2020.11.25）
［札幌キャンパスの花・鳥・虫］
高橋英樹・露崎史朗・笹賀一郎（編集）．2003．北大エコキャンパス読本－植物編．48頁．北海道大学総合博物館.
高橋英樹・露崎史朗・笹賀一郎・齊藤貴之（編集）．2005．改訂版　北大エコキャンパス読本－植物編 付・鳥類リスト．52頁．北海道大学教育GP「博物館を舞台とした体験型全人教育の推進」・北海道大学総合博物館.
北海道大学札幌キャンパス生きものマップ．北海道大学施設部ウェブサイト．
http://www.facility.hokudai.ac.jp/campus/（アクセス日：2020.12.10）
［植物園］
岩沢健蔵．2014．北大歴史散歩（第8刷），178-184．北海道大学出版会.
角幸博．「植物園の建物たち」．石本正明・角幸博・齊藤貴之．2011．北大エコキャンパス読本－建築遺産編，36-41．北海道大学教育GP「博物館を舞台とした体験型全人教育の推進」・北海道大学総合博物館.

八鍬利郎．2016．北大風景スケッチ，50-53．北海道大学出版会．
花ごよみ．北海道大学植物園ウェブサイト．
https://www.hokudai.ac.jp/fsc/bg/g_bloom.html（アクセス日：2020.11.25）
見ごろ情報．北海道大学植物園ウェブサイト．
https://www.hokudai.ac.jp/fsc/bg/pdf/migoro.pdf（アクセス日：2020.11.25）
園内紹介・モデルコース．北海道大学植物園ウェブサイト．
https://www.hokudai.ac.jp/fsc/bg/g_guide.html（アクセス日：2020.11.25）
［札幌市時計台］
岩沢健蔵．2014．北大歴史散歩（第8刷），170-177．北海道大学出版会．
［函館キャンパス］
今村央・河合敏郎．2016．新・水産生物標本館の竣工．親潮，307：3-5．北海道大学水産学部北水同窓会．
今村央・持田誠．2008．水産科学館に蓄積された水産学部100年の歴史：水産科学館総合博物館分館化記念・水産学部創基100周年記念．6-9．北海道大学総合博物館．
木村暢夫．2014．北海道大学水産学部付属練習船おしょろ丸Ｖ世竣工．親潮，303：4-7．海道大学水産学部北水同窓会．
匿名．2007．講堂（北水散歩）．親潮，289：22．北海道大学水産学部北水同窓会．
北海道大学大学院水産科学研究院・大学院水産科学院・水産学部．2019．北海道大学大学院水産科学研究院・大学院水産科学院・水産学部　2019年概要．4-7．
吉永守．2007．水産学部創基100周年記念行事報告．親潮，289：8-10，22．北海道大学水産学部北水同窓会．
八鍬利郎．2016．北大風景スケッチ，55．北海道大学出版会．
おしょろ丸TOP．北海道大学水産学部附属練習船ウェブサイト．
http://ships.fish.hokudai.ac.jp/?page_id=9（アクセス日：2020.11.25）
うしお丸TOP．北海道大学水産学部附属練習船ウェブサイト．
http://ships.fish.hokudai.ac.jp/?page_id=10（アクセス日：2020.11.25）
うしお丸TOP．北海道大学水産学部付属練習船ウェブサイト．
https://www2.fish.hokudai.ac.jp/ships/ushio/（アクセス日：2024.8.20）
沿革．北海道大学大学院水産科学研究院・大学院水産科学院・水産学部ウェブサイト．　http://www2.fish.hokudai.ac.jp/department-graduate-school/brief-history/successive-deans/（アクセス日：2020.11.25）